사진으로

떠나는

한자 역사 기행

하영삼

도서출판
3publication

사진으로

떠나는

한자 역사 기행

하영삼

한국한자연구소
연구총서 05

사진으로 떠나는

한자 역사 기행

저자 하영삼
표지디자인 김소연
초판 1쇄 발행 2018년 3월 5일
펴낸곳 도서출판3
등록 2013년 7월 4일(제2013-000010호)
주소 부산시 수영구 광남로 91-1(민락동)
전화 070-7737-6738
팩스 051-751-6738
전자우편 3publication@gmail.com
홈페이지 www.hanja.asia

ISBN: 979-11-87746-23-2

이 도서의 국립중앙도서관 출판예정도서목록(CIP)은 서지정보유통지원시스템
홈페이지(http://seoji.nl.go.kr)와
국가자료공동목록시스템(http://www.nl.go.kr/kolisnet)에서 이용하실 수
있습니다.(CIP제어번호: CIP2018002081)

머리말

지금에 들어 한자의 사용이 많이 줄긴 했지만, 그래도 한자는 여전히 우리 문화의 중요한 근간이다. 그뿐만 아니라 동아시아 한자문화권을 이해하는 가장 중요한 요소이기도 하다. 한자문화권이 본디 한자 위에 세워진 문명이기 때문이다. 그래서 한국은 물론 중국, 일본, 베트남 등 지역의 문화를 이해하는데 가장 우선되어야 할 것이 '한자'이다.

이 책은 한자문화권 문화 이해의 길잡이로서, 한자의 역사를 종합적이고 거시적으로 이해할 수 있도록 사진을 통해 여행하는 형식으로 저술되었다. 한자문화권의 근간인 '한자'에 대한 총체적 이해를 위해, 시기적으로는 발생부터 지금까지의 변천 역사와 앞으로의 전개를 통시적으로 고찰하였고, 지역적으로는 중국은 물론 한국과 일본과 베트남 및 중국내 소수민족의 문자까지를 섭렵하였다. 그래서 이 책은 (1) 사진을 설명의 매개로 삼고, (2) 한자 관련 주요 유적지를 소개하며, (3) 그곳을 찾아 여행하는 형식을 통해, (4) 한자의 전체적인 역사를 거시적으로 살폈으며, 이를 통해 (5) 동아시아 근간문화와 공용문자로서의 한자 및 4차 산업혁명시대를 살아갈 한자의 미래에 대해 체계적 인식이 가능하도록 하였다.

또한 한자 그 자체에 대한 깊은 이해는 물론 충실한 자료와 관련 정보 제공을 위해, (1) 235점에 이르는 방대한 사진과 박물관 등 유적지 및 상세 정보(사이트 포함)를 제공하였으며, (2) 한자의 기원에서부터 현재와 미래에 이르는 흐름사(史) 중심의 통시적 고찰과 이를 통해 미래 예측이 가능하도록 하였고, (3) 일국의 한정된 공간이 아니라 중국과 한국, 일본, 베트남 및 중국의 소수민족 등 한자문화권 전체를 아우르는 '초국적' 기술이 되도록 하였으며, (4)단순한 연대기적 역사 기술이 아니라 문화적 배경을 중심으로 한 '인문기행'이 되도록 노력하였다.

이러한 기술은 국내는 물론 중국과 일본 및 베트남 등 다른 곳에서도 그간 시도되지 않은, 우리 한국인의 시각을 가진 저작으로, 현실적 가치는 물론 학술적 의미까지 갖추었다고 자부한다. 아무쪼록 이 작은 저술이 한자 이해의 길잡이가 되고 한자문명과 소통하는 통로가 되었으면 한다. 끝으로 이 책의 많은 내용은 전작『한자의 세계』를 참고하였으며, 대중물이라는 특성 때문에 출처를 일일이 밝히지 않고 참고문헌에 함께 제시하였다.

2018년 1월 30일 도고재(渡古齋)에서 하영삼(河永三)

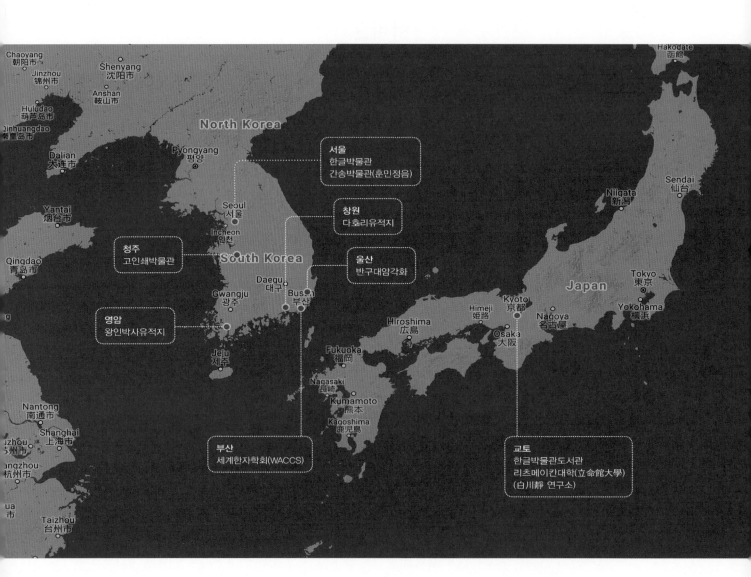

서울
한글박물관
간송박물관(훈민정음)

창원
다호리유적지

울산
반구대암각화

청주
고인쇄박물관

영암
왕인박사유적지

부산
세계한자학회(WACCS)

교토
한글박물관도서관
리츠메이칸대학(立命館大學)
(白川靜 연구소)

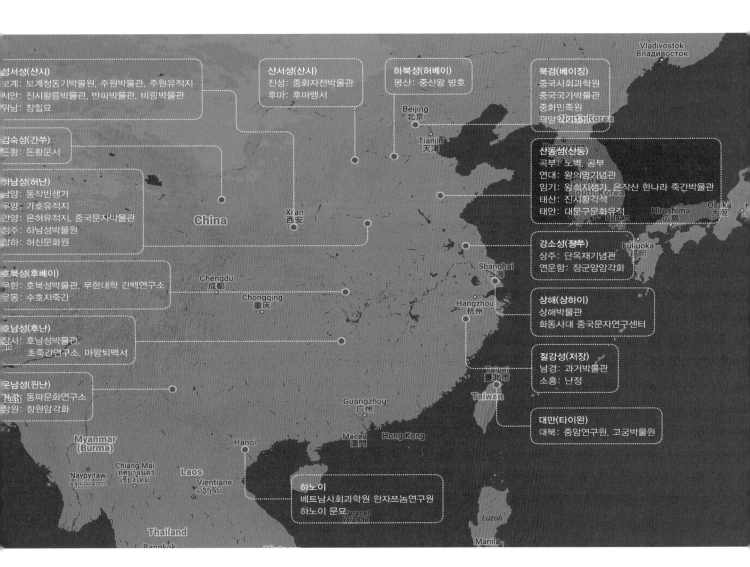

섬서성(산시)
보계: 보계청동기박물원, 주원박물관, 주원유적지
서안: 진시황릉박물원, 반파박물관, 비림박물관
위남: 창힐묘

감숙성(간쑤)
돈황: 돈황문서

하남성(허난)
남양: 동작빈생가
구양: 가호유적지
안양: 은허유적지, 중국문자박물관
정주: 하남성박물원
탑하: 허신문화원

호북성(후베이)
무한: 호북성박물관, 무한대학 간백연구소
운몽: 수호지죽간

호남성(후난)
장사: 호남성박물관
초죽간연구소, 마왕퇴백서

운남성(윈난)
동파문화연구소
창원: 창원암각화

산서성(산시)
진성: 중화자전박물관
후마: 후마맹서

하북성(허베이)
평산: 중산왕 방호

북경(베이징)
중국사회과학원
중국국가박물관
중화민족원
곽말약기념관

산동성(산둥)
곡부: 노벽, 공부
연대: 왕의영기념관
임기: 왕희지생가, 은작산 한나라 죽간박물관
태산: 진시황각석
태안: 대문구문화유적

강소성(장쑤)
상주: 단옥재기념관
연운항: 장군암암각화

상해(상하이)
상해박물관
화동사대 중국문자연구센터

절강성(저장)
남경: 과거박물관
소흥: 난정

대만(타이완)
대북: 중앙연구원, 고궁박물원

하노이
베트남사회과학원 한자쯔놈연구원
하노이 문묘

한자 서체 연대표

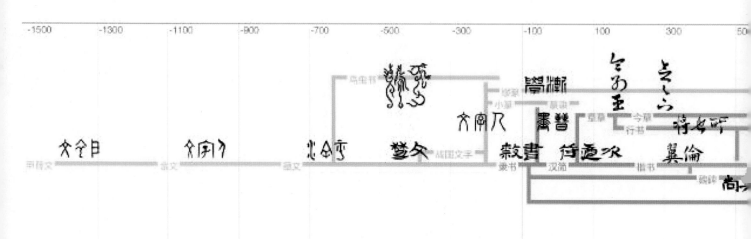

한자 서체 연대표

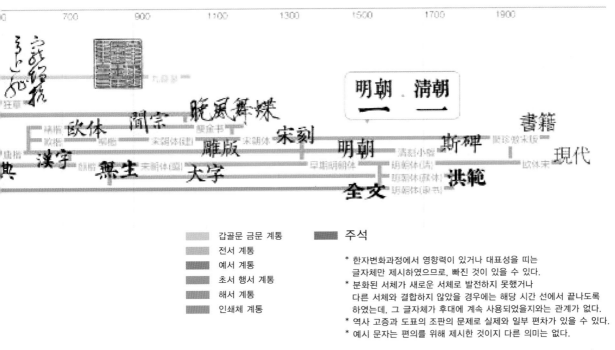

| 갑골문 금문 계통 | 주석 |

* 갑골문 금문 계통
* 전서 계통
* 예서 계통
* 초서 행서 계통
* 해서 계통
* 인쇄체 계통

* 한자변화과정에서 영향력이 있거나 대표성을 띠는
  글자체만 제시하였으므로, 빠진 것이 있을 수 있다.
* 분화된 서체가 새로운 서체로 발전하지 못했거나
  다른 서체와 결합하지 않았을 경우에는 해당 시간 선에서 끝나도록
  하였는데, 그 글자체가 후대에 계속 사용되었을지와는 관계가 없다.
* 역사 고증과 도표의 조판의 문제로 실제와 일부 편차가 있을 수 있다.
* 예시 문자는 편의를 위해 제시한 것이지 다른 의미는 없다.

한자 서체 연대표[漢字字體年表](자료내원: http://blog.typeland.com/articles)

사진으로 떠나는 한자 역사 기행

목 차

1

한자 창제의 전설

1 한자 창제의 전설

인간을 다른 동물과 구별하게 해 주는 중요한 잣대의 하나가 언어이다. 인간은 체계적이고 정교한 언어를 사용함으로써 서로 소통하고 협력할 수 있었다. 그리하여 인간은 고귀한 경험을 축적하고 계승하여 다른 동물이 상상할 수도 없는 찬란한 문명을 만들어 냈고, 만물의 영장이 될 수 있었다.

언어는 크게 유성언어 즉 '말'과 시각언어 즉 '문자'의 둘로 나누어진다. '말'은 말하는 현장과 그 당시에만 들을 수 있다는 공간적 시간적 한계를 가졌지만, '문자'는 이런 제약이 없다. 이러한 장점 때문에 문자는 인류의 지혜와 경험을 후세에 전수하여 문명을 비약적으로 발전시키는데 크게 공헌했다.

이러한 공헌 때문에 인류 역사는 문자가 출현한 시점을 전후로 하여 그 이전을 선사(先史)시대, 그 이후를 역사(歷史)시대라 구분하여 부르기도 한다. 또 문자를 가졌느냐의 여부로 문명과 야만을 나누기도 한다. 이처럼 문자의 출현은 문명의 척도로 여겨질 정도로 문자는 인류의 역사에서 매우 중요하다.

지금도 이 지구상에는 말은 수천 가지나 존재하지만 문자는 몇 백 가지에 지나지 않고, 문자가 없는 민족도 매우 많다. 대략 약 4천~8천 가지의 말이 이 지구상에 존재하는 것으로 알려졌지만, 존재하는 문자는 고작해야 1백 개 미만이라고 한다.

●1_01. 문(文)과 자(字).(예서)
지금은 문자(文字)라고 쓰지만 원래는 다른 의미였다. 문(文)은 더 이상 분리되지 않는 기초 글자를, 자(字)는 문(文)이 둘 이상 결합하여 만들어진 복합자를 말했다.

중국만 하더라도 공시적으로 56개 민족이 존재하여 80여 가지에 이르는 고유 언어를 사용하고 있지만, 현재 조선족, 몽골족, 티베트족, 위구르족 등 12개 민족만 고유 문자를 가지고 있다. 1949년 이전만 하더라도 22개 민족이 24가지의 문자를 사용했지만, 점차 알파벳으로 대체하여 고유 문자가 없어지는 추세이다.

말과 문자는 각기 다른 나름의 역할을 갖고 있으며, 이 둘이 어떤 우열의 관계에 있는 것은 아니다. 그런데도 말과 문자의 위상에 대해서 그간 상당한 논쟁이 있어 왔다. 서구적 전통에서는 '말(logos)'이 영혼을 대변하고 진실을 직접 전달할 수 있다고 여겨, 진실을 왜곡시킨다고 생각한 '문자'보다 우위에 있다고 생각해 왔다.

특히 20세기에 들어 현대 언어학의 대부라 불린 소쉬르(Ferdinand De Saussure, 1857~1913)가 "문자의 유일한 존재 이유는 말을 기록하기 위한 것"이라고 정의하면서 문자는 말의 종속적 존재로 규정되어 버렸다. 급기야 문자적 전통이 강한 중국을 말의 전통이 강한 서구보다 덜 발달한 문명으로 평가하기도 했다. 이는 유럽 중심, 서구 중심의 인식이 아닐 수 없다. 서구의 시각으로 동양을 규정하고 폄하하는 것을 '오리엔탈리즘(orientalism)'이라고 한다. 산업혁명 이후 급속도로 발달한 서구가 세계의 중심이 되면서 만들어진 편견과 오해라 하겠다. 중국과 한자에 대한 평가 절하도 이러한 관점의 소산이다.

●1_02. '창힐상(倉頡像)'.
창힐(蒼頡)이라고도 쓰는데, 약 4천여 년 전 황제(黃帝) 때 사관(史官)을 지냈으며 한자를 만들었다는 전설상의 인물이다. 그는 보통사람에 비해 매우 특이했던 것으로 묘사되었는데, 용의 얼굴에 번쩍번쩍 빛나는 눈이 네 개나 달려 있었고, 그 때문에 무엇보다도 사물을 정확하게 볼 수 있었다고 한다. 그는 하늘의 달이 시시각각으로 차고 이지러지는 모습과, 땅위의 새와 동물의 발자국이 각기 서로 다른 것을 보고서 한자를 창안했으며, 그가 글자를 만들자 하늘에서는 오곡이 비 오듯 내렸고 귀신은 놀라 밤새도록 울었다고 한다.(『회남자·본훈경』)

서구에서는 오래전부터 문자를 추방해야 할 '악'이라고 여겼다. 그러나 중국에서는 서구처럼의 이런 전통은 찾아보기 어렵다. 오히려 문자가 인간의 정신과 관련되어 중시되었다. 문자를 숭배하는 전통은 있었지만 말을 숭배하는 전통은 없었다. 말은 도리어 언제나 변하는 믿을 수 없는 것으로 인식되어 배척의 대상이 되었다. 그래서 데리다(Jacques Derrida, 1930~2004)의 개념을 빌린다면 서구의 '말(음성, logos) 중심주의 문명'과 대칭하여 중국을 **문자중심주의 문명**이라 이름붙일 수 있다. 서구와 동양이 각각의 삶을 살아왔고, 서구의 '말(음성)'이 오히려 동양의 '문자'에, 서구의 '문자'가 동양의 '말'에 해당된다. 그래서 이들 문명은 본질적으로 동일하며, 문명과 야만의 관계가 아니다.

●1_03. 자크 데리다(Jacques Derrida, 1930~2004).
『그라마톨로지(De la grammatologie)』에서 그는 서구의 철학적 전통을 로고스 중심주의 또는 음성중심주의라고 규정하면서, 말이 문자보다 우위에 선다는 견해를 비판했다.

인류의 문명을 비약적으로 발전시켰던 '문자', 특히 중국에서 그 어떤 것보다 숭고하고 위대한 존재인 '한자'는 다른 위대한 발명품들처럼 전설상의 성인에 의해 만들어진 것으로 꾸며졌다. 가끔 복희씨(伏羲氏)나 저송(沮誦)이 만들었다고도 했지만, 창힐(倉頡)이 만들었다는 설이 가장 널리 알려져 있다.

전설상의 위대한 인물인 창힐이 "새와 짐승의 발자국을 자세히 살핀 결과 그것들이 해당 동물을 대변할 수 있다는 것을 발견하고서는 이를 단순화하여 한자를 만들게 되었다"는 것이 요지이다. 창힐은 중국 역사가 시작되는 최초의 임금인 황제(黃帝) 때의 역사 기록관으로 알려져 있으며, 사물의 차이를 자세히 관찰할 수 있었다는 신화를 반영하듯 눈을 네 개나 가졌던 것으로 묘사되었다.

아무리 그래도 창힐은 실재하지 않는 전설상의 인물일 뿐이다. 또 황제(黃帝)의 기록관이었다고 하지만 황제도 신화 속의 인물이어서 그 존재조차 믿기 어려운 실정이다. 그래서 창힐의 한자 창제도 '신화'로 보아야만 할 것이다. 중국적 전통에서 위대한 발명품을 전설상의 위대한 성인과 연결시켰던 전통 때문에 '한자'의 창제도 신화적 인물에 가탁되었던 것이다. 그래서 이는 모두 중국의 역사를 위대한 역사로 만드는 과정에서 나온 허구적인 이야기에 지나지 않는다.

●1_04. '창힐묘(倉頡廟)'.
섬서성 위남(渭南)시 백수(白水)현 소재. 한자를 창제했다는 전설의 인물 창힐을 모시기 위해 만들었다. 여기에 보관된
「창힐묘비(倉頡廟碑)」의 기록에 의하면, 한나라 연희(延熹) 5년(162)에 이미 창힐묘가 세워졌다고 한다. 2001년 중국 국가중점유물로
지정되었다.

특히 중국의 정체성이 확립되던 시기라 할 진한(秦漢) 시기
에 이러한 이야기가 많이 만들어져 확산되고 실재 존재했던 역
사로 가공되었다는 점을 고려하면 더 그러하다. 그래서 진(秦)나
라 때의 『여씨춘추(呂氏春秋)』는 물론 한(漢)나라 때 만들어진 『
설문해자(說文解字)』나 『회남자(淮南子)』 등에서도 모두 창힐이 한
자를 창제했다고 했다. 이후 사람들은 또 이들을 근거로 삼아
'창힐 문자 창제설'을 확대해 왔던 것이다.

앞서 말했듯, 문자의 출현은 인류가 문명시대로 진입했음을
알리는 표지이다. 한자가 만들어짐으로써 중국인들은 상상할 수
없는 엄청난 발전과 변화를 경험했을 것이다. 정보와 지식이 축
적되고, 그것을 가능하게 하는 문자를 장악한다는 것은 곧 권력
의 장악이 되었다. 권력은 계급을 분화하게 했고, 또 국가를 탄
생시켰을 것이다. 원시 공동체 사회로부터 계급을 가진 국가가
탄생하게 된 것이다.

그래서 "창힐이 문자를 만들자, 하늘에서는 곡식이 비 오듯 내렸고, 귀신은 밤새 울었다.(昔者倉頡作書, 而天雨粟, 鬼夜哭.)"라고 한 『회남자(淮南子)』의 언급은 곱씹어 볼만한다. 땅이 아닌 하늘에서 곡식이 비 오듯 내렸다는 것은 생산 체계를 비롯한 기존의 권력 체계가 전혀 새로운 체제로 진입하였다는 것을, 귀신이 밤새워 울었다는 것은 권력을 가졌던 기존 세력이 새로운 세력의 출현으로 완전히 붕괴되었음을 말한 것이리라.

그러나 초기 문명 단계의 모든 문자가 그러하듯, 한자도 어떤 한 개인에 의해 만들어져 일시에 유포될 수는 없는 일이다. 인류의 발달 과정에서 오랜 기간 동안 축적된 경험 위에서 점차적으로 만들어진 인류 공동의 창제물이라 해야 할 것이다.

그렇다면 '한자'는 실제 어떤 과정을 거쳐 태어났을까? 다음 장에서 이에 대한 이야기가 이어진다.

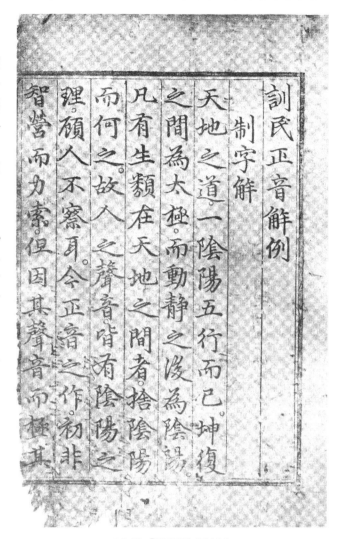

●1_05. 『훈민정음』(간송본)
1446년 음력 9월에 반포된 훈민정음(訓民正音) 판본. 여기에는 1443년에 창제된 한국의 문자 한글을 공표하는 조선왕조 제4대 임금 세종대왕(재위 1418~1450)의 반포문(頒布文)과 정인지(鄭麟趾) 등 집현전 학자들이 해설과 용례를 덧붙여 쓴 해설서 「해례본(解例本)」이 포함되어 있다. 그래서 이 판본을 『훈민정음 해례본』이라 부른다. 현재 간송 미술관에 보관되어 있으며, 국보 제70호이다. 1997년 유네스코 '세계 기록유산'으로 지정되었다.

●1_06. 창힐묘(倉頡廟) 사이트 정보●

제목	창힐묘/倉頡廟/
사이트	http://top.weinan.gov.cn/info/iList.jsp?cat_id=1705(섬서성 위남시 시정부 사이트)
개요	한자를 창제했다는 전설의 인물 창힐을 모시기 위해 만들었다. 「창힐묘비(倉頡廟碑)」의 기록에 의하면, 한나라 연희(延熹) 5년(162)에 이미 세워졌다고 하며, 2001년 중국 국가중점유물로 지정되었다.
주소	섬서성 위남(渭南)시 백수(白水)현
입장정보	입장시간: 화요일~일요일 08:00~18:00, 입장료: 50위안/1인, 관람시간: 1~2시간
교통	서안(西安)에서 백수(白水)까지 시외버스, 백수현성(白水縣城)에서 사관진(史官鎭) 행 소형버스, 사관중학(史官中學) 하차.
특징	중국문자의 창제자로 알려진 창힐을 기리는 사당
주요유물	창힐 무덤, 「창힐묘비(倉頡廟碑)」(162년)
분류	유적지 박물관
참고사이트	http://baike.baidu.com/'倉頡廟'

2

문자부호와 한자

2 문자부호와 한자

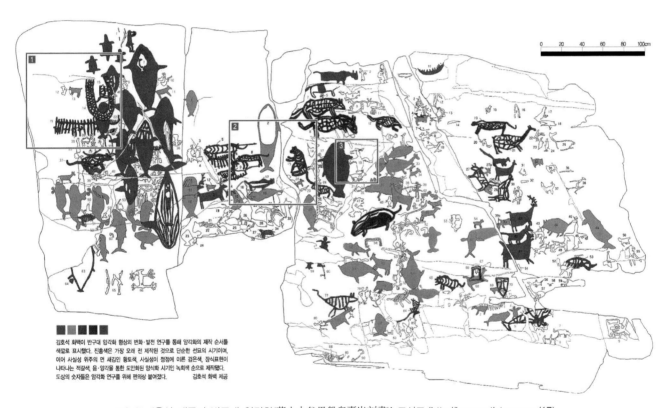

김호석 화백이 반구대 암각화 형상의 변화·발전 연구를 통해 암각화의 제작 순서를 색깔로 표시했다. 진홍색은 가장 오래 전 제작된 것으로 단순한 선묘의 시기이며, 이어 사실성 위주의 면 새김인 황토색, 사실성이 정점에 이른 검은색, 장식표현이 나타나는 적갈색, 음·양각을 통한 도안화된 양식화 시기인 녹색색 순으로 제작됐다. 도상의 숫자들은 암각화 연구를 위해 편의상 붙여졌다.
김호석 화백 제공

●2_01. '울산 대곡리 반구대 암각화(蔚山大谷里盤龜臺岩刻畵)' 모사도.(http://kornan.tistory.com/17)
국보 제285호. 울산광역시 울주군 언양읍 대곡리 소재. 가로 약 8m, 세로 약 2m. 1972년 발견되었다. 반반한 바위 면에는 인물상을 비롯해 고래·개·늑대·호랑이·사슴·멧돼지·곰·토끼·여우·거북·물고기 등과 고래잡이, 배와 어부, 사냥하는 광경 등이 표현되었다. 배가 불룩하여 새끼를 밴 동물이나 성기가 과장된 춤추는 남자의 모습에서 다산을 빌고 동물들의 왕성한 번식으로 풍요로움이 더해지기를 기원한 것으로 보인다. 신석기시대부터 청동기시대에 이르기까지 여러 차례에 걸쳐 추가되어 만들어졌다.

인류는 일찍부터 유성언어인 '말'을 사용한 이외에도 자신의 뜻을 표현하고 중요한 내용을 후세에 남기기 위해 그림을 그렸다. 소중한 기억이나 바람을 동굴의 벽에다 그리기도 하고, 벼랑의 돌에다 새겨 두기도 했는데, 이러한 그림이 문자의 주된 기원이 된다.

세계적으로는 스페인의 네르하(Nerja) 동굴벽화(기원전 4만 년 전)나 프랑스 쇼베(Chauvet) 동굴 벽화(기원전 3만 년 전)를 비롯해 스페인의 알타미라(Altamira) 동굴의 벽화 등이 대표적이고, 울산의 반구대 암각화(기원전 8천년 경)도 유명하다. 중국도 여러 곳에서 암각화가 발견되었는데, 운남성 창원(滄源)의 암각화를 비롯해 신강 위구르 자치구, 감숙성, 광서성 등지의 암각화, 강소성 연운항의 장군애(將軍崖) 암각화 등이 잘 알려져 있다.

이들에 그려지거나 새겨진 구체적 형상들이 단순화와 추상화를 거차고, 체계화 되어 문자가 되었던 것이다. 예를 들어 보자.

나 처럼 사실적으로 그린 '물고기'는 점차 단순화하여 머리와 비늘과 꼬리를 갖춘 '어(魚)'가 되었고, 처럼 그려진 '호랑이'는 쩍 벌린 입과 화려한 무늬 및 꼬리와 발을 가진 모습으로 축약되었고, 다시 변해 '호(虎)'가 되었다. 또 [그림 2_03]처럼 '사람의 정면 모습'은 이후 '대(大)'가 되었고, '머리에 갖가지 장식을 한 채 춤추는 모습'은 이후 '미(美)'가 되었다.

●2_02. '어(魚)'와 '호(虎)'의 원시 자형.

그런가 하면, [그림 2_04]처럼 중국의 중남부에 회하(淮河) 하구에 자리한 장군애 암각화에서는 식물에서 피어난 꽃이 사람의 얼굴 모습을 하였다. 이는 식물의 꽃에서 사람이 나온다는 꽃 토템(totem) 내지는 '곡물 숭배'를 반영한 것이 분명해 보인다. 암각화가 존재하는 강소성 연운항이라는 곳은 중국의 대표적 농업지역임을 생각하면 더욱 그러하다.

곡물 숭배는 정착 농경을 일찍 시작했던 중국의 대표적인 토템이기도 한데, 중국인들이 자신을 뜻하는 '화(華)'도 화사하게 핀 '꽃'을 그린 글자이고, 인간의 최고 지위를 뜻하는 '제(帝)'도 꽃대와 함께 익어 여문 '씨방'을 그렸다. 최고의 인간을 뜻하는 '영(英)'도 '꽃부리'를 뜻하는 글자이다. 모두가 농경사회를 배경으로, 식물이나 꽃에서 자신들이 근원했다고 여기며, 이 때문에 식물이나 꽃 숭배의 토템을 반영한 예들이다.

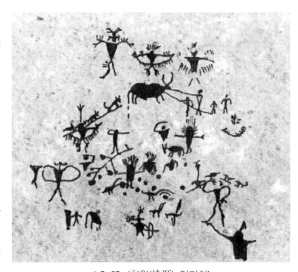

●2_03. '창원(滄源) 암각화'.
운남성 창원(滄源)의 와족(佤族) 자치현에 있는 암각화로, 붉은 철광석과 동물 피를 섞은 물감으로 그려 넣었다. 인물, 동물, 가옥, 나무, 태양 등 총 1,063개의 그림으로 구성되었다. 지금으로부터 약 3천 년 전에 그린 것으로 추정되며, 2001년 제5차 전국중점문물 단위로 지정되었다.

●2_04. '장군애 암각화(將軍崖岩畫)'.
이는 강소성 연운항(連雲港)시의 금병산(錦屛山)에 있는데, 사람 얼굴, 짐승, 농작물, 태양, 별, 구름, 기하학적 무늬 등 다양한 내용이 새겨졌다. 1988년 제3차 중국 국가중점유물로 지정되었다. (http://blog.sina.com.cn)

이에 반해 황하 유역의 중상류 지역, 즉 서쪽의 내륙 지역에서는 자신들이 호리병박에서 나왔다는 탄생신화가 보편적으로 존재한다.

예컨대, 1953년 섬서성 낙남(洛南)현의 앙소 문화 유적지에서 특이한 형태의 호리병이 발견되었는데, 아랫부분은 호리병이고 윗부분은 사람 얼굴을 하여 '홍도 인두호(紅陶人頭壺)'라 이름 붙여졌다[그림 2_05]. 이 형상의 정확한 의미는 잘 알려져 있지 않았지만, 호리병박에서 인간이 탄생하는 모습을 상징화한 것으로 보이며, 고대 중국의 여러 민족들이 가졌던 호리병박의 숭배와 관련 있어 보인다. 한자에서 '만물의 시작'이나 '도(道)'나 '원기(元氣)'를 상징하는 '일(一)'의 갖은자인 '일(壹)'도 '호(壺)'가 의미부여서 '호리병박'과 관련되어 있으며, '호리병박'이 '인류의 탄생'을 상징하듯, 일(一)이나 일(壹)도 모든 존재의 시작을 뜻한다.

그럼에도 반구대나 장군암이나 창원(滄源) 등지의 그림들은 아직 '그림'일 뿐 문자로서의 '한자'는 아니다. 즉 문자로 기능하기 위해서는 개별적으로 독립된 부호가 되어야 하고, 사용자끼리 서로 공통으로 인식할 수 있는 의미를 갖는 부호 '체계'여야 하는데, 이런 기능을 갖추었다고는 보기 어렵기 때문이다. 이러한 속성을 갖춘 문자로 발전하는 데는 상당한 시간이 필요했다. 얼마나 많은 시간이, 어떤 환경이 필요했던 것일까?

●2_05. '홍도 인두호(紅陶人頭壺)'.
1953년 섬서성 낙남(洛南)현의 앙소문화 유적지에서 출토, 높이 23㎝, 서안 반파(半坡) 박물관 소장. 중국에 보편적으로 퍼져있는 호리병박에서 인간이 탄생하였다는 인류 탄생신화를 상징화한 것으로 보인다.

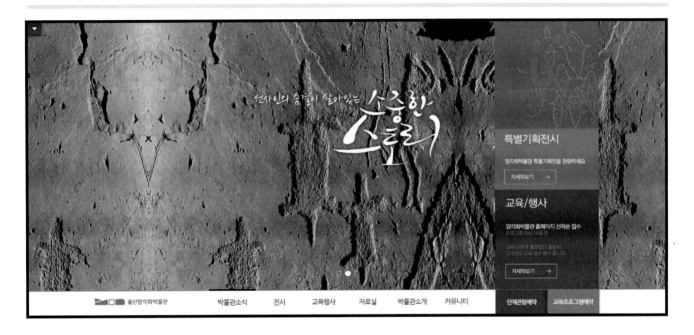

●2_06. '울산 대곡리 반구대 암각화 박물관(蔚山大谷里盤龜臺岩刻畵博物館) 사이트 정보●

제목	울산 대곡리 반구대 암각화 박물관/蔚山大谷里盤龜臺岩刻畵博物館/
홈페이지	https://bangudae.ulsan.go.kr/(울산암각화박물관)
개요	울산 「반구대암각화」(국보 제285호)와 「천전리각석」(국보 제147호)을 소개하고 국내 암각화연구의 중추적인 역할을 담당하기 위하여 2008년 5월 30일에 개관하였다. 박물관은 울산광역시 울주군 두동면 천전리 대곡천변 반구교 입구에 위치하고 있으며, 부지 8,960㎡에 고래를 형상화한 목조건축물로 건물연면적 2,025㎡의 중층구조로 이루어져 있다. 주요 전시물로는 반구대 암각화와 천전리 각석의 실물모형, 암각화 유적을 소개하는 입체적인 영상시설, 선사시대 사람들의 생활을 이해할 수 있는 각종 모형물과 사진, 어린이전시관, 가족체험시설 등이 있다. 전시시설과는 별도로 기획전시와 문화강좌를 위해 마련된 세미나실, 회의실과 수장고 등을 갖추고 있으며, 다양한 교육문화 프로그램을 준비하고 있다.
주소	울산광역시 울주군 언양읍 대곡리 소재.
입장정보	관람시간: 09:00~18:00, 관람요일: 화~일요일(매주 월요일 정기휴관), 입장료: 없음
교통	KTX: 울산역-언양터미널-언양읍사무소-반곡-반구대입구-암각화박물관-천전마을-대곡박물관
특징	울산광역시 울주군 소재 암각화 전문박물관.
주요유물	반구대 암각화(국보 제285호) 모형
분류	유물박물관

3

한자의 출현과 국가의 형성

3 한자의 출현과 국가의 형성

한자는 언제쯤, 어디서, 어떤 방식으로, 또 어떤 목적에서 태어났을까?

앞서 말했듯이, 문자가 되려면 통으로 된 그림과는 달리 개별적이고 독립적으로 존재하는 '체계를 이룬 부호'여야 한다. 그리고 해당 부호가 사용자 사이에서 같은 의미로 인식될 수 있는 '공통성'도 가져야만 한다. 어떤 학자들은 문자가 유성언어 즉 말을 기록한 것이므로 '독음'까지 갖추었을 때 문자로 간주할 수 있다고 주장하지만, 꼭 그런지는 생각해 볼 문제이다. 적어도 중국에서만은 말과 문자가 개별적으로 발전해 오다가 일정 시기 이후에 결합한 것으로 보이며, 문자가 말을 기록하기 위해서 태어난 것은 아니라 보이기 때문이다.

물론 한글처럼 어떤 개인(혹은 집단)에 의해 의식적으로 제정된 문자도 있지만, 한자처럼 인류의 초기 문자는 자연 발생적으로 출현한 것이어서 그것이 언제 나타났는지, 정확하게 밝혀진 것도, 알 수 있는 것도 아니다. 다만 대략적인 시기만 추정할 수 있을 뿐이다.

●3_01. '서안 반파박물관'.
중국 최초의 선사 시대 박물관이자 국가 1급 박물관이다. 1953년 발굴된 서안시 반파촌 유적지에 세워졌으며, 1958년 개관했으며, 1961년 제1차 국가문물단위로 지정되었다. 반파촌에서 발견된 신석기 유물들, 특히 채도 도기와 문자부호 등이 수집되었고, 당시의 취락도 복원되어 기원전 40세기경의 사회조직, 생산 활동, 경제형태, 혼인, 풍속 습관, 문화예술 등을 살필 수 있다.(www.bpmuseum.com)

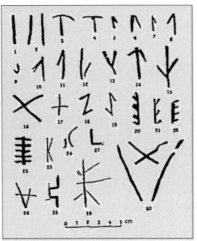

●3_02. 서안 반파 유적지와 유물.
왼쪽으로부터 '반파 유적지 표지석', 반파에서 발견된 도기에 새겨진 문자부호, 제사장과 토템으로 보이는 물고기가 그려진 채색 도기.

다행스럽게도 1899년 우연히 발견되어 세상을 놀라게 했던 갑골문(甲骨文)이 한자의 탄생에 대한 많은 정보를 제공해 주었다. 상나라 후기 273년간 상(商) 왕실에서 사용되었던 것으로 알려진 갑골문은 이미 초기가 아니라 상당히 발달한 단계의 한자였음이 밝혀졌다. 그것은 첫째, 등장하는 많은 한자가 이미 물상을 그대로 그린 초기의 상형 단계가 아니라 상당히 추상화했기 때문이고, 둘째, 개별 한자의 종류만 해도 무려 5천여 자에 이르러 상당히 발전한 단계의 한자 사용을 반영하였음을 보여주기 때문이며, 셋째, 구조적 측면에서도 초기 단계의 상형이나 지사와 같은 것만 있는 것도 아니라 이들이 결합하여 만들어지는 회의와 형성 구조가 대등한 비율을 차지하였기 때문이다.

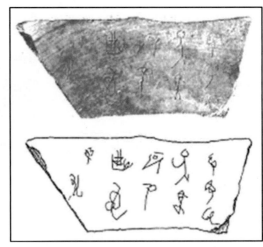

●3_03. 산동성 정공촌에서 발견된 문자부호.
여러 개의 문자부호가 문장처럼 배열되었다.

갑골문이 이미 초기 단계의 한자가 아니라면, 분명히 그 이전의 발전 단계를 경험했을 것이다. 어떤 과정을 거쳤을까? 이를 위해 갑골문 이전 단계의 한자를 찾기 위한 끊임없는 노력이 이루어졌다. 그것은 문자의 출현이 문명 시기 진입의 구분점이고, 초기 한자의 출현 시기에 따라 중국의 문명 진입 시기가 앞당겨질 것이고, 그만큼 중국의 역사시기를 일찍 앞당겨 잡을 수 있기 때문이다.

결과는 놀라웠다. 1954년에는 황하강 중상류인 섬서성 서안(西安) 반파(半坡)의 앙소(仰韶) 문화 유적지(기원전 4800년~기원전 4200년)의 도기들에서 총 113점의 글자 비슷한 부호가 발견되었고, 1972년~1974년에는 반파 부근 임동의 강채촌에서도 38종의 도기부호가 발견되었다. 1974년에는 더 서북쪽으로 올라간 청해성 낙도현 유만의 마가요 문화 유적지에서도 50여 점의 부호가 발견되었다.

그런가 하면 중국 대륙의 동쪽 끝, 황하강의 하류 지역에서도 많은 자료가 발굴되었다. 1959년에는 산동성 대문구(大汶口) 유적지(기원전 4200년~기원전 1900년)에서도 도기에 조각된 그림 문자가 발견되었다. 게다가 더 동쪽 끝인 제성의 전채(前寨)에서도 유사한 부호들이 발견되었으며, 대문구의 동남쪽에 있는 거현의 능양하(凌陽河)에서도 비슷한 부호가 발견되었다. 이들 문화의 절대 연도는 약 기원전 4200년~기원전 1900년 정도로 추정된다. 또 1992년에는 산동성 제남 부근의 정공촌(丁公村) 유적지(산동 용산문화 후기, 기원전 2200~기원전 2100년)에서 11~12개의 문자부호가 함께 새겨진 돌이 발견되었는데, 글자 비슷한 것이 여럿 연결되어 문장처럼 보인다[그림 3_03].

이외에도 중국의 중부, 즉 황하의 중류 지역인 하남성에서도 도기부호가 발견되었다. 예컨대, 상나라 초기 수도라 추정되는 이리두(二里頭)와 중기 수도로 추측되는 이리강(二里岡)을 비롯해 갑골문이 대량으로 출토되었던 안양 은허의 소둔(小屯)에서도 도기부호가 발견되었다.

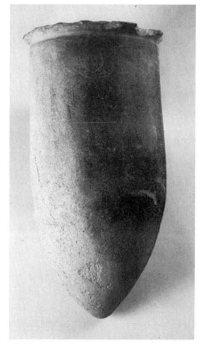

●3_04. '대문구(大汶口) 문자부호'. 1959년 산동성 태안(泰安)의 대문구에서 발견되었다. 이의 절대 연도는 약 기원전 4200년에서 기원전 1900년 정도로 추정된다. '경산(炅山)'으로 풀이하기도 하나, 산위로 구름이 있고 그 위로 해가 떠오르는 모습을 그려, '땅위로 해가 떠오르는 모습'을 그린 '단(旦)'에 해당한다는 설이 더 합리적으로 보인다.

특히 1983년부터 2001년까지 이루어진 중국 중부의 하남성 무양현(舞陽縣) 가호(賈湖) 유적지에서는 제사에 사용되었을 것으로 보이는 거북 배딱지에서 '목(目)'자 비슷한 새김 등이 발견되었는데, 이곳은 무려 기원전 약 7000년 때의 유적지이다. 여기서는 뼈로 만든 7개의 구멍을 가진 피리 세트, 항아리 속에 남겨진 와인, 거북 딱지 등 점복 도구 등도 함께 발견되었는데, 피리 세트는 세계 최초의 악기로, 와인은 세계 최초의 술로, 부호는 세계 최초의 문자부호로 인정받고 있다.

이외에도 여러 곳에서 다양한 부호가 발견되었는데, 어떤 것은 한자와 매우 가까워 보이기도 하지만 이들이 상나라 갑골문의 직접적인 조상인지 확정하기는 아직 어렵다. 그래서 많은 사람들이 아직 이를 '문자'라 부르지 않고 **'문자 부호'**라 부르고 있다. 문자와 비슷하지만 문자라고 확정짓기도 어렵다는 뜻이다.

그러나 재미있는 것은 지금까지 발견된 '문자 부호'들을 자세히 살피면 지역적 분포를 가진다는 사실이다. 예컨대, 황하강의 중상류 지역 즉 서부 지역에서는 반파(半坡)나 강채 유적지에서는 획을 새긴 부호들이 주를 이루고, 하류 지역 즉 동부 지역에서는 대문구(大汶口)나 성자애 유적지에서는 그림이 주를 이루고 있다. 황하강 중류 지역 즉 하남성의 여러 지역에서도 정도는 약하지만 그림에 가까운 모습을 하고 있다.

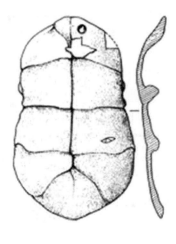

●3_05. 가호 유적지에서 출토된 거북딱지에 새겨진 문자부호.

이 때문에 한자가 어떤 한곳에서 생겨나 주위로 확산되었다는 '일원론(一元論)'이 아니라, 동서 양쪽 지역에서 발생하여 점차 큰 세력권으로 확장하고 나중에 하나로 합쳐졌다는 '한자기원 이원론(二元論)'의 주장이 나왔다. 매우 일리 있는 주장이다.

그러나 황하강 유역의 동서 두 지역 뿐 아니라 남쪽의 장강 유역의 양저(良渚) 문화나 오성(吳城) 유적지에서도 초기 단계의 문자 부호들이 발견되고 있다. 그래서 지금은 '한자 기원 이원설'에서 한 걸음 더 나아가 **'한자기원 다원론(多元論)'**이 힘을 얻고 있다. 즉 한자가 어떤 한 지역이나 황하강 동서의 두 지역에서 발생하여 주변지역으로 확장 발전한 것이 아니라, 몇몇 중요한 문명 거점에서 동시 다발적으로 발생하였다가 문화 권역의 확장과 통합에 따라 점차 하나로 통일되어 갔다는 것이다.

이는 **'중국문명 기원 다원론'**에 관한 논의와도 연결되어 있다. 중국문명이 황하 강을 중심으로 한 동서 지역에서 발생하여 다른 곳으로 퍼져나갔다기보다는 황하강 유역 외에도 서쪽 사천성의 파촉(巴蜀) 문화, 남쪽의 초(楚) 문화, 동북쪽의 홍산(紅山) 문화 등 여러 지역에서 다원적으로 출현하였다가 점차 합쳐져 지금의 '중국' 문명이 만들어졌다는 것이다. 아마도 기원전 40세기 정도 에는 황하 강의 중하류 지역이 중국 문명의 대표적 중심으로 자리 잡았을 것으로 보인다.

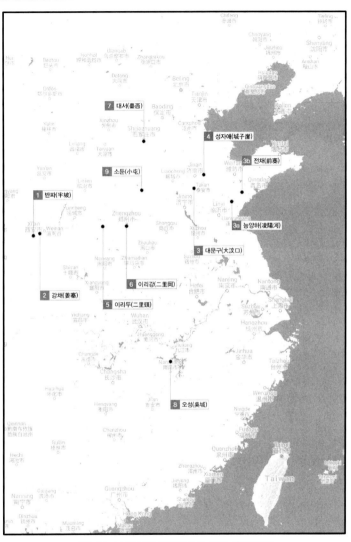

●3_06. '선사시대 도기부호의 주요 출토지점'
(Wee Lee Woon(1986), 12쪽).
1. 반파(半坡), 2. 강채(姜寨), 3. 대문구(大汶口), 3a. 능양하(陵陽河), 3b. 전채(前寨), 4. 성자애(城子崖), 5. 이리두(二里頭), 6. 이리강(二里岡), 7. 대서(臺西), 8. 오성(吳城), 9. 소둔(小屯).

그럼 언제쯤 한자가 소위 '문자' 단계에 진입하였을까? "생산력이 발전해 나가면 계급이 발생하게 되고, 문자가 출현하며, 국가가 탄생하기 시작하는데, 국가를 관리하기 위해 체계적인 문자를 필요로 하게 된다."라는 스탈린(Joseph Stalin, 1879~1953)의 유명한 말이 있다. 문자가 국가의 출현과 직접 연계된다는 말이다. 이렇게 본다면, 중국에서 국가가 출현한 하(夏)나라(기원전 21세기~기원전 17세기) 시기에는 이상의 여러 가지 문자부호 단계에서 더욱 정형화하고 체계화하여 부호화한 문자체계로 진입하여 '한자'가 되었을 것으로 추정할 수 있다. 그런 다음 상(商)나라의 초기(이리두 유적)와 중기(이리강 유적)를 거쳐 급격하게 발전한 한자가 상나라 후기 수도였던 하남성 은허(殷墟)에서 발견된 갑골문일 것이며, 이것이 오늘날 한자의 주된 근원으로 발전했을 것으로 추정된다.

이상을 요약하면, 한자는 말과 독립된 체계로 출발하였으며, 그림이나 결승 등의 전통을 계승하여 부호화하고 말과 음성적으로 연결되게 되었다. 지역적으로는 중국의 동서남북과 중앙 등 여러 거점 지역에서 개별적으로 출현하였다.

그러다가 기원전 40세기 쯤 황하 강의 중류와 하류 지역이 중심 지역으로 성장했으며, 국가가 출현하는 기원전 25세기경의 하(夏)나라에 이르면 진정한 문자로서의 '한자'가 등장했을 것이다. 이후 상나라의 초기와 중기를 거치면서 비약적인 발전이 이루어졌고, 후기에 이르면 급기야 갑골문처럼 성숙한 한자로 발전하였으며, 이것이 오늘날 한자의 원류가 되었다고 하겠다.

●3_07. '서안 반파 박물관(西安半坡博物館)' 홈페이지 메인 화면(http://www.banpomuseum.com.cn/index.htm)과 사이트 정보.

제목	서안 반파 박물관/西安半坡博物館/Xi'an Banpo Museum
홈페이지	http://www.banpomuseum.com.cn
개요	서안반파박물관은 중국국가1급박물관으로, 중국 최초의 선사시대 유적지 박물관이다. 섬서성 서안시 동쪽 근교의 산하(滻河) 동쪽 기슭의 반파촌(半坡村) 북쪽에 자리하고 있다. 1953년 봄 처음 발견되었으며, 1958년 정식으로 외부에 개방되었다. 1961년 제1차 전국중점문물보호단위로 지정되었으며, 1997년 제1차 '100개 애국주의 교육시범기지', '서안 10대 여행 명승지', '외국인이 찾고 싶은 중국 50개 명소'로 지정되었다. 약 6천 년 전에 해당하는 신석기 시대의 전형적인 유적지인 앙소(仰韶)문화 모계씨족취락의 사회 조직, 생산생활, 경제형태, 혼인상황, 풍속습관, 문화예술 등 풍부한 문화 유적을 보유하고 있다.
주소	섬서성(陝西省) 서안시(西安市) 반파로(半坡路) 155호(號)
입장정보	성수기(3~11월) 35위안, 비수기(12~2월) 25위안, 관람시간 1~2시간 소요.
교통	서안 시내에서 15번, 406번, 913번 버스 등.
특징	1958년 4월 1일 개관.
주요유물	문자부호, 사람 얼굴 그물무늬 사발[人面網紋盆], 아래쪽 끝이 뾰족한 병[尖底瓶], 사람 얼굴 물고기 무늬 사발[人面魚紋盆], 물고기 무늬 채색 사발[魚紋彩陶盆] 등
분류	유적지형 박물관, 2008년 국가1급 박물관 지정.
참고사이트	http://baike.baidu.com '西安半坡博物館

4

갑골문의 세계

4 갑골문의 세계

1899년 어느 여름날, 북경에서는 중국의 역사를 바꾸고 세계를 놀라게 한 큰 사건이 매우 우연스레 일어났다. 그것은 다름 아닌 '갑골문(甲骨文)'의 발견이었다. 왕의영(王懿榮, 1845~1900)이라는 대학자가 그해 여름 심한 학질에 걸렸었는데, 학질에 용하다고 구해온 '용 뼈[龍骨]'에서 희미한 글자 흔적을 발견하고 그것이 고대문자임을 확인하게 되었던 것이다. 이후 거듭된 연구를 통해 이 '용 뼈'들은 '용의 뼈'가 아니라 '거북딱지'이며, 그 당시만 해도 전설로만 존재했던 상나라 때의 실제 문자로, 하남성 안양(安陽)의 은허(殷墟)라는 곳에서 출토되었음을 알게 되었다.

왜 하필이면 은허(殷墟)에서 발견되었던 것일까? 그곳은 어떤 곳이었을까? 알고 보니 그곳은 '은허' 이름 그대로 '은(殷)나라의 유허지[墟]', 즉 은나라가 멸망했던 땅이었다. 은허는 상나라가 마지막으로 수도를 옮겨 273년간 머물렀던 곳으로 밝혀졌다. 갑골문이 발견될 당시에도 여전히 전설상의 나라로 남아 있던 상(商)나라가 역사속의 실재했던, 그것도 문자를 가진 역사시기로 진입하

●4_01. '은허(殷墟)'
1899년 갑골문이 처음 출토된 곳이다. 상나라 후기 수도로 273년간 도읍하였던 곳으로 밝혀졌으며, 지금까지 약 15만 편이 발굴되어 상나라 역사를 전설시대에서 역사시기로 편입시켰다. 출토지는 2006년 세계문화유산으로 등재되었고, 갑골문은 2017년 세계기록유산으로 등재되었다. 기념 표지석 뒤로 복원된 은나라 궁실의 정문이 보인다.

게 된 것이다. 아편전쟁으로 서구 열
강에게 대패하여 크게 자존감을 잃
고 있었던 당시 중국의 처지에서 얼
마나 기쁘고 감격스런 일이었겠는가?

갑골문은 주로 상나라 왕실에서
점복을 행하고 그에 관한 내용을 거
북딱지와 소 어깻죽지 뼈 등에 새겨
놓았던 것이었다. 이들을 처음에는
여러 가지 다른 이름으로 불렀으나,
지금은 거북딱지를 뜻하는 갑(甲)과
동물 뼈를 뜻하는 골(骨)을 합쳐 '갑
골문(甲骨文)'이라 통일하여 부르고 있
다.

●4_02. '갑골문 발견 100주년 기념 학회'
1999년 8월20일~8월23일까지 갑골문이 처음 발견되었던 하남성 안양(은허)에서 세계 각지의 갑골문 전문가 200여 명이 참석한 가운데 성대하게 열렸다. 학회에서는 이를 기념하여 100년 동안의 연구 성과를 집대성한 『갑골학 100년』(왕우신 등 저, 하영삼 역)을 출간했으며, 은허를 세계문화유산으로 등재하기 위한 연대 서명도 이루어졌다.

언제부터인가 학질에 효용이 있
다는 신비의 약재 '용 뼈'라는 이름으
로 민간에 유통되던 '갑골'이 왕의영
에 의해 고대 한자임이 밝혀졌다. 나아가 현존 최고의 한자라는
사실이 알려지자, 이에 대한 쟁탈전이 시작되었다. 당시는 중국
이 서구 열강의 침입을 받고 있던 시기라 서구의 여러 나라들
이 앞 다투어 싹쓸이 식으로 마구 가져갔고, 일본까지 가세했
다.

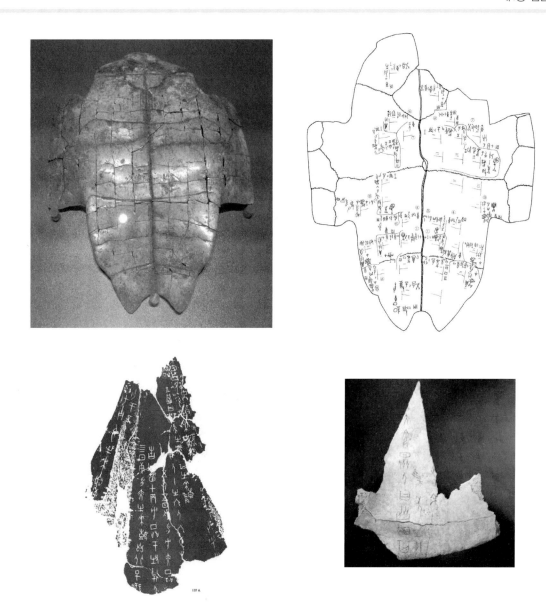

●4_03. 갑(甲)과 골(骨).
거북딱지를 뜻하는 갑(甲)과 동물 뼈를 뜻하는 골(骨)을 합쳐 '갑골문(甲骨文)'이라 부른다.

갑골문이 처음 발견된 후 약 10년이 지난 1908년, 나진옥(羅振玉, 1866~1940)에 의해 그간 비밀에 부쳐졌던 갑골문의 출토 지점이 하남성의 은허(殷墟)라는 사실도 밝혀지게 되었다. 다시 10여년이 지난 1918년 왕국유(王國維, 1877~1927)에 의해 그곳이 상나라 때의 후기 마지막 수도였으며, 멸망하기까지 273년간 머물렀다는 엄청난 사실도 밝혀졌다.

●4_04. '갑골문 발견지인 은허(殷墟) 왕궁 유적지'.
지금은 '은허박물원(殷墟博物苑, www.ayyx.com)'으로 불린다. 1999년 열린 '갑골문 발견 100주년 기념학회'를 기념하여 준비된 갑골학 저술 및 서예전시회 개막식 모습이다.

그러자 중국 정부에서도 상나라 마지막 수도였던 그곳을 더는 열강들의 약탈지로 남도록 내버려 둘 수는 없다고 여기게 되었다. 급기야 조사단을 파견하였고, 조사 결과에 의거하여 1928년부터 1937년까지 총 15차례에 걸쳐 국가 주도의 종합 발굴이 이루어지게 되었다. 이때의 은허 갑골문 발굴이 바로 중국 고고학의 시작이기도 했다.

특히 1936년 3월18일~6월24일에 이루어진 제13차 발굴에서는 YH127갱(坑)이라 이름 붙여진 구덩이 하나에서만 무려 17,096편(17,088편의 거북딱지와 8편의 소뼈)이 발굴되어 세상을 다시 한 번 놀라게 하였다. 그러나 당시는 일본군이 만주를 넘어서 북경으로 쳐들어오고 있던 때라 이를 피해 구덩이 전체를 그대로 파내어 남경으로 옮기고 거기서 해체작업을 해야만 했다. 또 1949년 신중국의 성립으로 다시 국민당과 함께 대만으로 옮겨가야 했던 아픈 역사도 갖고 있다.

●4_05. 'YH127갱(坑)'

이후에도 몇 차례 중요한 발견이 이루어졌는데, 1991년 이루어진 은허의 화원장(花園莊) 동쪽 지역 H3갱(坑)의 발굴이 대표적이다. 거기서는 1,583점의 갑골이 발견되었는데(글자가 새겨진 것은 689점), 거의 대부분이 거북딱지였고, 크기도 컸고 게다가 조각난 상태가 아닌 통으로 된 완전한 모습으로 발굴되어 그간의 많은 미스터리를 풀어주었다. 또 2003년 봄에는 산동성 제남(濟南)의 대신장(大辛莊) 상나라 유적지에서도 몇몇 갑골이 발견되었다. 물론 앞으로도 계속 새로운 발굴이 이루어질 것으로 보인다.

이러한 과정을 거쳐 지금까지 약 15만 편이 발견되었으며, 개별 글자는 약 5천 자(중복자 제외)에 이른다. 그중 약 2천 자는 해독되었으며(나머지는 인명이나 지명으로 추정됨), 그중 약 1천 자에 대해서는 학자 간에 이견이 없는 정도로 완전하게 해독되어 한자 기원 연구에 큰 도움이 되고 있다.

●4_06. '왕의영(王懿榮) 기념관'.
갑골문을 처음 발견한 왕의영을 기념하기 위해 고향인 산동성 복산(福山)시에 만들어진 기념관이다. 왕의영은 뛰어난 교육자이자 학자로, 1899년 최초로 갑골문을 인식해 내었으나, 1900년 8개국 연합군이 북경을 침입하자 책임을 지고 자결한 애국지사이기도 하다.

●4_07. 왕의영 기념관(신관).
2014년 8월 왕의영의 갑골문 발견 115주년을 기념하여 신관을 새로이 개관했다. 산동성 연대시 복산구(福山區) 소재.

●4_08. '은허 홈페이지'(http://www.ayyx.com)

●4_09. '은허 전경(궁전종묘유적지)'(바이두 백과)

●4_10. 은허(殷墟) 사이트 정보●

제목	은허/殷墟/Yinxu
홈페이지	http://www.ayyx.com/(河南安陽殷墟)
개요	은허(殷墟)는 옛날 북몽(北蒙)이라 불리던 곳으로, 중국 상(商) 왕조의 후기 수도 유적지로, 하남성 안양(安陽)시에 자리하고 있다. 갑골문에서는 이곳을 '상읍(商邑)' 혹은 '대읍상(大邑商)'이라 불렀다. 은허(殷墟)는 중국 역사에서 문헌과 고고학과 갑골문으로 동시 증명 가능한 최초의 도읍지이다. 은허왕릉유적지(殷墟王陵遺址), 은허궁전종묘유적지(殷墟宮殿宗廟遺址), 원수 북쪽 상성 유적지(洹北商城遺址) 등으로 구성되어 있으며, 은허궁전종묘유적지에 은허박물원이 조성되어 있다. 1899년 은허(殷墟)에서 갑골문(甲骨文)이 출토되어 세상에 이름을 알렸으며, 1928년 정식으로 고고발굴을 한 이후 은허에서는 대량의 건축유적지를 비롯해 갑골문과 청동기 등으로 대표되는 풍부한 문화 유물이 발견되어, 상나라 후기의 찬란했던 청동기 문명을 유감없이 보여 주었으며, 은상(殷商)사회가 믿을만한 과학적인 역사임을 증명해 주었다. 이 때문에 20세기 중국 "100대 중요 고고학 발견"의 첫 번째 자리를 차지했다. 은허가 발견된 이후 글자가 새겨진 갑골만 약 15만 편이 발견되었으며, 갑골문에 기록된 사료에 근거해 중국의 역사시기를 상(商)왕조까지 앞당기게 되었고, 새로운 학문 분과인 갑골학(甲骨學)을 탄생시켰다. 1961년 3월 제1차 전국중점문물보호단위로 지정되었고, 2006년 7월에는 유네스코의 세계문화유산으로 지정되었으며, 2011년에는 제1차 국가AAAAA급 여행 명승지로 지정되었다.
주소	하남성 안양시(安陽市) 은도구(殷都區) 소둔촌(小屯村)
입장정보	입장시간: 8:00~18:30(4월~9월) 8:00~17:00(10월~3월), 입장료: 90위안, 관람소요시간: 1일
교통	1번, 6번, 15번, 18번, 39번, 41번 버스로 은허(殷墟)에서 하자하여 도보로 5분 거리.
특징	세계문화유산, 국가AAAAA급 여행 명승지, 전국중점문물보호단위. 은허왕릉유적지(殷墟王陵遺址), 은허궁전종묘유적지(殷墟宮殿宗廟遺址), 원수 북쪽 상성 유적지(洹北商城遺址) 등으로 구성. 기원전 1319년~기원전 1046년의 유적지, 중국에서 실증 가능한 최초의 도읍지.
주요유물	갑골문(甲骨文), 사모무방정(司母戊方鼎) 등
분류	유적지형 박물관, 유물 박물관
참고사이트	http://baike.baidu.com '殷墟'

5

갑골문의 연구

5 갑골문의 연구

1. 갑골문 사대가

갑골문이 세상에 처음 알려진 1899년부터 지금까지 채 120
년도 되지 않았다. 그러나 이런 짧은 역사에도 지금은 갑골문에
대한 거의 모든 것이 밝혀졌다 할 정도로 많은 연구가 이루어
졌다. 그럴 수 있었던 것은 갑골문의 해독과 연구에 학문적 사
명감을 가지고 평생을 바친 세계 각국 학자들의 힘겨운
노력이 있었기 때문이다.

왕의영(王懿榮)은 '갑골문'을 알아본 후, 자신이 앞서서
갑골문을 대량으로 구매하여 갑골의 중요성을 세상에 알
렸다. 그러나 안타깝게도 이듬해인 1900년, 서구의 연합 침
략군이 북경에 진입하자 당시 방어책임자였던 그는 이에
책임을 지고 우물에 몸을 던져 자살하고 만다. 당시의 뛰
어난 문자학자였고 초기 수집가였던 그의 죽음은 갑골문
연구에 큰 손실이 아닐 수 없었다. 갑골문 최초의 발견자
이자 비극적 삶을 마감한 왕의영, 그를 기념하기 위해서
고향인 산동성 연대(煙臺)시에 '왕의영 기념관'이 만들어졌
고, '갑골학의 아버지[甲骨之父]'라 숭상하고 있다.

●5_01. '왕의영' 초상.

왕의영을 이어 갑골무이 본격적으로 연구되면서 뛰어난 학자들이 수없이 나왔지만, 그중에서도 **갑골학 사당(四堂)**이라 불리는 4명이 가장 대표적이다.

갑골문의 초기 수집과 해독에 큰 공을 세웠던 나진옥(羅振玉, 1866~1940)은 호가 설당(雪堂)이고, 갑골 자료를 이용해 중국사 연구에 탁월한 공을 세웠던 왕국유(王國維, 1877~1927)는 호가 관당(觀堂)이다. 갑골의 발굴에 직접 참여하였고 시기구분 등에 큰 공을 세웠으며 대만으로 건너가 갑골학의 세계화에 공헌했던 동작빈(董作賓, 1895~1963)은 호가 언당(彦堂)이다. 또 신 중국에서 갑골문 정리와 마르크스주의에 근거해 갑골문을 새롭게 해석하고 고대사 연구에서 엄청난 성과를 이룬 곽말약(郭沫若, 1892~1978)은 호가 정당(鼎堂)이다. 정말 우연치고는 기막힌 우연이 아닐 수 없다. 120년 갑골문 연구사에서 가장 큰 공을 세웠다는 이 네 사람의 호에 모두 '당(堂)'이 들었다. 이 때문에 이들을 '갑골학 사당(四堂)'이라 부른다. 약속치도 않고 출신도 경향도 서로 다른데, 이렇게 일치하다니 신기할 따름이다.

'갑골학 사당'이라는 말은 진자전(陳子展, 1898~1990)이 초기 갑골문 연구사를 총결하면서 나온 이름인데, 저명한 문자학자 당란(唐蘭, 1901~1979)이 그들의 공헌을 다음과 같이 평가하면서 더욱 널리 쓰였다.

●5_02. '갑골문 사대가'
(http://www.meishujia.cn/?act=usite&usid=3647&inview=appid-248-mid-2429&said=542)

> '설당'이 갑골문 연구의 길을 열었고,　　自雪堂導夫先路,
> '관당'이 이를 이어 역사를 연구했으며,　觀堂繼以考史,
> '언당'은 갑골문의 시대를 구분했고,　　彦堂區其時代,
> '정당'은 갑골문의 체제를 밝혔다네.　　鼎堂發其辭例,
> 정말이지 모두들 한 시대의 최고였다네.　固已極一時之盛.

이러한 평가에 걸맞게 나진옥(羅振玉)은 『은허서계(殷墟書契)』와 『은상점복문자고(殷商占卜文字考)』를, 왕국유(王國維)는 『관당집림(觀堂集林)』을, 곽말약(郭沫若)은 『갑골문자연구(甲骨文字研究)』와 『복사통찬(卜辭通纂)』을, 동작빈(董作賓)은 『은력보(殷曆譜)』와 「갑골문 시기구분 연구 예[甲骨文斷代研究例]」 등을 저술하여 갑골문 연구사에서 기념비적인 업적을 남겼다.

이외에도 막 세상을 뜬 마지막 갑골학자로 평가 받는 요종이(饒宗頤, 1917~2018)도 호가 선당(選堂)이라 '갑골학 5당'이라는 새로운 말도 나왔다. 또 우성오(于省吾, 1896~1984)의 『갑골문자석림(甲骨文字釋林)』도 뛰어난 저작으로 평가 받고 있으며, 왕우신(王宇信, 1940~현재)은 『갑골학 일백년』과 『신중국 갑골학 60년』을 저술하여 갑골학 연구사에 큰 업적을 남겼다. 구석규(裘錫圭, 1935~현재)도 갑골문자의 개별자 해독에서 남다른 성과를 올렸다.

●5_03. '나진옥'

(1) 나진옥(羅振玉, 1866~1940)

나진옥은 절강성 상우현(上虞)현 출신으로, 자는 숙언(叔言)이다. 설당(雪堂)이라는 호 외에도 정송노인(貞松老人), 송옹(松翁) 등으로 불렸다.

그는 중국 현대 농학의 개척자이자 저명한 고고학자로, 중국 근대 과학, 문화, 학술의 발전에 크게 공헌했다. 내각대고(內閣大庫) 명청당안(明淸檔案)을 보존하는 한편 『은허서계고석(殷墟書契考釋)』 등을 저술하여 갑골문자(甲骨文字)의 연구와 보급에 힘썼다. 돈황(敦煌) 문서도 정리하고 한진(漢晉) 때의 목간(木簡)을 해독했으며, 고대 기물 연구에도 남다른 업적을 남겼다. 평생 남긴 저작은 총 189종이나 되고, 교감 출간한 서적도 642종에 이른다.

그러나 그는 1911년 신해혁명이 일어나자 일본으로 도망하였으며, 1919년 귀국한 후 청 왕조의 복원을 위해 줄곧 일본과 협력한 바람에 신 중국에서 매우 부정적인 평가를 받았다. 그러나 최근 들어 그가 학술적으로 남긴 공헌은 별개로 평가되어야 한다고 하면서 재평가 작업이 이루어지고 있다.

(2) 왕국유(王國維, 1877~1927)

왕국유는 근대 중국에서 가장 뛰어난 역사학자 중의 한 사람이며, 중국사에서 대표적인 천재의 한 사람으로 평가받고 있다. 절강성 해녕(海寧)에서 출생했으며, 1911년 신해혁명이 일어나자 나진옥을 따라 일본으로 망명했으며, 문학연구에서 경학(經學)과 역사학 및 금석학 연구로 전향하여 찬란한 업적을 남겼다. 나진옥이 수집한 방대한 자료를 정리하고, 그와 함께 갑골문을 정리 연구하여 갑골학 4대가의 한 사람이 되었다.

금문은 물론 간독 자료와 돈황(敦煌) 문서의 연구에서도 탁월한 성과를 남겼다. 돈황에서 발견된 『당운(唐韻)』의 사본을 자료로 삼아 중국 음운의 변천과정을 규명하기도 했다. 1916년 중국으로 귀국하여 청화연구원(淸華硏究院: 지금의 청화대학) 교수를 역임했고, 북경대학 국학연구소에서도 후진을 양성했다. 안타깝게도

●5_04. '왕국유'
(http://wangyannong.artron.net/works_detail_brt026200700119)

1927년 자살로 50년의 생을 마감했다. 그의 주된 업적은 『관당집림(觀堂集林)』(1921, 전24권)에 수록되어 있다. 그는 이전의 문헌 중심 연구에서 벗어나 고고학 자료를 결합한 연구를 주창했는데, 문헌과 고고자료의 상호 검증을 주장한 '이중 증거법'은 역사와 문화 연구 발전에 크게 공헌했다.

(3) 곽말약(郭沫若, 1892~1978)

곽말약은 자가 정당(鼎堂), 호가 상무(尙武)인데, 말약(沫若)은 필명이고 원래 이름은 개정(開貞)이었다. 사천성

낙산(樂山)에서 태어났고, 1914년 일본으로 유학하여 큐슈[九州] 제국대학에서 의학을 전공했다. 이후 전공을 바꾸어 중국 현대 문학자이자 저명한 마르크스주의 역사학자가 되었다. 중국 신시의 기초를 마련했던 시인으로, 시집 『여신(女神)』을 출판하기도 했다. 신 중국이 성립되고 중국 학술연구의 총 본부라 할 중국사회과학원(中國科學院)의 초대 원장을 역임했다.

특히 일본에서 귀국한 후 역사학 연구에 매진하여 큰 업적을 남겼다. 1930년 마르크스주의 역사관에 입각하여 중국 고대사를 연구한 역작 『중국고대사회연구(中國古代社會研究)』를 출간하였으며, 이후 『노예제사회(奴隸制時代)』, 『갑골문연구(甲骨文研究)』, 『양주금문사대계(兩周金文辭大系)』, 『십비판서(十批判書)』 등 다양하고 방대한 저작을 남겼다. 그가 죽은 후 그의 저작은 『곽말약문집(郭沫若文集)』(38책)으로 출간되었다. 특히 그가 주편한 『갑골문합집(甲骨文合集)』은 신 중국에서 소장하고 있는 전체 갑골을 수집하고 그중 중요한 갑골을 41,956편 선별하여 수록하였는데, 갑골 연구 일대 전기를 마련해 주었다.

●5_05. '곽말약'.

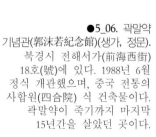

●5_06. 곽말약 기념관(郭沫若紀念館)(생가, 정문). 북경시 전해서가(前海西街) 18호(號)에 있다. 1988년 6월 정식 개관했으며, 중국 전통의 사합원(四合院) 식 건축물이다. 곽말약이 죽기까지 마지막 15년간을 살았던 곳이다.

●5_07. 곽말약
기념관(郭沫若紀念館).

●5_08. 곽말약 기념관(郭沫若紀念館) 사이트 정보●

제목	곽말약 기념관/郭沫若紀念館/Guo Moruo Memorial Hall
홈페이지/QR코드	
개요	북경시 전해서가(前海西街) 18호(號)에 있으며, 1988년 6월 정식으로 대외 개방을 했다. 기념관은 중국 전통의 정원을 갖춘 사합원(四合院)식 건축물로, 청나라 말에는 공왕부(恭王府)의 마구간으로 쓰였으며, 민국(民國) 초기에 동서양 합병의 주택으로 개조되었다. 곽말약(郭沫若)은 여기서 죽기까지 마지막 15년을 지냈다.
주소	북경시 전해서가(前海西街) 18호(號). 전화: 010-66034681
입장정보	개관시간: 화요일~일요일 9:00-16:30, 월요일, 1월1일~음력설까지 휴관, 입장료: 성인 20위안, 학생 10위안(대학생 포함).
교통	111번, 107번, 118번 전차, 13번, 701번, 850번, 810번 버스, 북해북문(北海北門) 정류소 하차, 십찰해(什剎海) 체육학교 정문에서 우회전 50미터 지점.
특징	중국 전통 사합원식의 건축물. 연구실, 문물 전시실, 대중교육과 정보센터, 사무실 등으로 구성.
주요유물	곽말약의 저작, 생전 유품, 등영초(鄧穎超) 등의 글씨, 사합원(四合院), 정원(園子)
분류	전국중점문물보호단위
참고사이트	http://baike.baidu.com '郭沫若紀念館

2. 대만의 연구

동작빈(董作賓, 1895~1963)은 원래 이름이 작인(作仁)이고 자가 언당(彦堂) 혹은 언당(雁堂)이다. 하남성 남양(南陽)에서 태어났다. 1923~1924년, 북경(北京)대학 대학원을 다녔고, 1928~1946년까지 중앙연구원(中央研究院)에서 갑골문 발굴과 연구에 천착했으며, 그 공을 인정받아 1948년 중앙연구원의 원사(院士)가 되었다. 1949년 국민당을 따라 대만으로 건너가 대만대학의 교수가 되었으며, 1963년 대만에서 생을 마쳤다.

1928년부터 1937년까지 국가 주도로 이루어진 15차례의 안양에 대한 공식적인 발굴도 그의 조사 보고서로부터 시작되었으며, 15차례의 발굴 중 제1차 발굴 등 여러 차례 발굴에 주도적으로 참여하였다. 발굴에 참여한 실제 경험이 큰 자산이 되어 1933년 「갑골문 시기구분 연구 예[甲骨文斷代研究例]」를 발표했는데, 갑골문 시기구분에 관한 최초의 저작이다. 또 은허에서 발굴된 갑골편의 정리에도 힘써 『은허문자(殷墟文字)』 『갑편(甲編)』과 『을편(乙編)』을 발간했다. 『갑편』은 15차례에 걸친 안양 은허 발굴 중 제9차까지의 결과물 중 3,942편을 뽑아 수록했고, 『을편』은 제13차 발굴(상편), 제14차 발굴(중편), 제15차 발굴(하편)의 결과물을 구분하여 총 9,105편을 수록했다.

●5_09. '동작빈'.

그는 발굴의 실제 경험을 바탕으로, 갑골문 역법과 시기구분 등에서 뛰어난 성과를 보였다. 특히 그가 주창한 '갑골문 5시기 구분법'은 273년간의 갑골문을 10가지 특성에 근거해 제1기(반경・소신・소을・무정 시기), 제2기(조경・조갑 시기), 제3기(름신・강정 시기), 제4기(무을・문정 시기), 제5기(제을・제신 시기)의 다섯 단계로 구분하고자 한 것으로, 갑골문과 상나라 역사를 더욱 정교하게 연구할 수 있는 길을 만들어 주었다.

동작빈의 또 다른 공헌은 세계의 여러 갑골학자들을 배출했다는 점이다. 1949년 혁명에 성공한 공산 정권이 정치적 문제로 서구에 문호를 개방하지 않자, 대만이 서구 학자들의 연구 기지 역할을 하였다. 많은 학자들이 대만으로 유학하였고, 동작빈도 1947~1948년까지 미국 시카고 대학의 초빙 교수로 있었다. 1955년에는 서울대학에도 초빙 교수로 있었으며 문학박사 학위도 받았다. 또 1956~1958년까지 홍콩대학, 숭기서원(崇基書院), 신아서원(新亞書院), 주해학원(珠海書院) 등에 머물렀다. 이런 과정을 통해 많은 후학을 배출했으며, 갑골학의 세계화에 큰 역할을 했다.

동작빈 외에도 대만 출신의 저명한 갑골학자로 허진웅(許進雄, 1941~)이 있다. 허진웅은 대만 고웅(高雄) 출신으로 대만대학을 졸업했다. 이후 1968년 캐나다의 초청으로 토론토의 온타리오 박물관에서 소장하고 있던 갑골문을 정리하였는데, 이들은 1920년대 캐나다 선교사 멘지스가 수집했던 자료들이다. 갑골 정리를 마친 후 1996년, 대만으로 다시 돌아갔다. 그는 그간 연구 대상에서 소홀했던 갑골의 찬(鑽)과 조(鑿)의 형태 연구에 천착하여 이를 시기구분의 새로운 잣대로 삼기도 하였다. 또 그가 쓴 『중국고대사회(中國古代社會)』는 고고학과 인류학 등과 연계한 한자 어원을 통해 중국 문화를 해석한 역작으로 꼽히며, 한국어로도 번역되었다.

●5_11. 『은허문자(殷墟文字)』 '갑편(甲編), 을편, 병편(중앙연구원 역사연구소).
⑴『갑편』은 1928년~1937년에 걸쳐 이루어진 15차례의 안양 은허 발굴 중 제9차까지의 결과물 중에서 3,942편을 뽑아 1940년에 동작빈에 의해 발간되었으며, ⑵『을편』의 상편에는 제13차 발굴, 중편에는 제14차 발굴, 하편에는 제15차 발굴의 결과물 9,105편이 수록되었으며, 동작빈에 의해 발간되었다. ⑶『병편』은 장병권(張秉權)이 『은허문자』의 『갑편』과 『을편』을 짜 맞추기[綴合]하여 원래대로 복원시킨 역작으로, 1957년부터 1972년에 걸쳐 총 6책으로 출간되었다.

●5_10. '동작빈 생가 표지석.'(http://blog.sina.com.cn/s/blog_c4f09ac101019nah.html)

●5_12. '서울대학 소장 갑골문'.
1955년 동작빈이 서울대학교
초빙 교수로 있을 때 이
갑골문을 소개하여 세상에
널리 알려지게 되었다.

●5_13. '대만
중앙연구원'(中央研究院,
Academia Sinica).
1928년 설립된 중앙연구원은
중화민국 시기 중국 최고의
학술연구기관이었고, 1949년
대만으로 이전하여
대북(臺北)시 남강(南港)에
정착한 후에도 대만은 물론
세계를 대표하는 중국 연구
기관이다. 신 중국 성립 후
대륙에서는 '중국사회과학원'을
설립하여 이의 역할을
계승했다.

●5_14. '대만 중앙연구원(中央研究院) 역사언어연구소 홈페이지'(http://www.ling.sinica.edu.tw/en/Home)

●5_15. '대만 중앙연구원(中央研究院) 사이트 정보●

제목	대만 중앙연구원/臺灣中央研究院/Academia Sinica
홈페이지	https://www.sinica.edu.tw
개요	중화민국(대만)의 총통부 직속의 최고 학술기관이다. 1928년 남경(南京)에서 설립되었으며, 1949년 국민당 정부를 따라 대만으로 이전하여 현재 대북(臺北)시 남강구(南港區)에 자리 잡고 있다. 인문 및 과학연구, 학술연구의 네트워크와 지원, 고급학술인력의 배양을 주목적으로 한다. 현재 물리, 화학, 공정(工程), 지질, 천문, 기상, 역사언어, 국문학, 고고학, 사회과학, 동물, 식물 등 12개 연구소가 설치되어 있다.
주소	11529, 대만 대북시(臺北市) 남강구(南港區) 연구원로(研究院路) 2단(段) 128호(號). 전화: +886-2-27822120~9
입장정보	연구원 내 주요 박물관 사전예약(reservation) 필수, 입장료 없음.
교통	1. 경전철: 남강역(南港站) 2번 출구에서 212(直)번, 212(區)번, 270번, 블루라인 25번 버스 환승, 중앙연구원(中研院) 정류소 하차 2. 버스: 205번, 212번, 212(直)번, 212(區)번, 270번, 276번, 306번, 620번, 645번, 소(小) 12번, 블루라인(藍) 25번, 679번, 소(小) 5번, 소(小)1번 중앙연구원(中研院) 정류소 하차
특징	대만 최고의 학술연구기관, 세계의 대표적인 중국 어문학 연구기관
주요유물	호적 기념관(胡適紀念館/Hu Shih Memorial Hall, 사전예약), 역사문물진열관(歷史文物陳列館/Institute of History and Philology, Academia Sinica), 부사년 기념관(傅斯年紀念室, FU SSU NIEN LIBRARY), 디지털자료센터(數位典藏展示中心, Academia Sinica Digital Resources, 사전예약), 민족학연구소 박물관(民族學研究所博物館, Museum of Institute of Ethnology, 사전예약)
분류	학술연구기관, 도서관, 박물관
참고사이트	https://zh.wikipedia.org '中央研究院'

6

갑골문의 해독

6 갑골문의 해독

상나라는 국가와 왕실의 중요한 일을 주로 점복에 의지했다. 특히 국가의 대사라 할 '제사와 전쟁'은 더욱 그러했다. 그래서 점복이 수시로 치러졌고, 매번 치러지는 점복을 위해서는 다음 과 같은 절차가 필요했던 것으로 추정된다.

첫째, 준비과정으로, 점복에 쓸 거 북딱지나 소뼈 등을 미리 준비하는 과 정이다. 거북딱지를 예로 들면, 제일 먼 저 거북을 구하여(공납의 형식이 주를 이룸) 살을 파내고 등딱지와 배딱지를 분리한 다. 그런 다음 지지고 글을 새길 수 있 도록 다듬질을 하며, 가장자리 부분에 공납한 지역과 수량 등을 기록해 둔다. 또 불로 지져서 복(卜)자 모양으로 잘 갈라질 수 있도록 둥근 모양과 세로로 된 타원형의 홈을 파 두는데, 전자를 찬(鑽) 후자를 조(鑿)라고 부른다. 여기까 지가 준비 과정이다.

둘째, 점을 쳐야 할 사안이 생기면, 점복관을 비롯한 관련된 사람들이 모여 정해진 의식을 치르고, 점복관은 점치

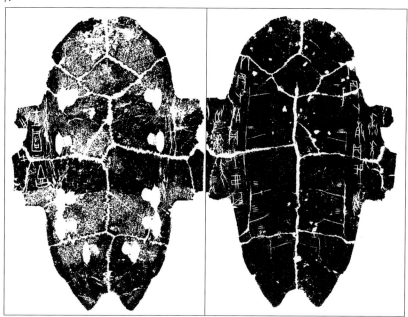

●6_01. '갑골의 찬(鑽)과 조(鑿)'.
거북딱지가 불로 잘 지져지도록 홈을 파두는데(왼쪽) 가로로 된 둥근 모양을 '찬', 세로로 된 타원형을 '조'라고 한다. 이곳을 불로 지지면 복(卜)자 모양으로 갈라진 모습이 생긴다(오른쪽). 이를 보고 점복관은 길흉을 판단한다.

고자 하는 내용을 하늘의 조상신에게 고하게 된다. 이 과정을 '명귀(命龜)'라고 하는데, '거북에게 점을 칠 내용을 묻는다'라는 뜻이다.

셋째, 이 과정이 끝나면 불에 달군 나무막대로 미리 파놓았던 찬(鑽)과 조(鑿)를 지지게 되고, 가해진 열에 의해 거북딱지에는 '복(卜)'자 모양의 금이 생기게 되는데, 이 금을 '조(兆)'라고 한다. 점복관은 조(兆)의 모습으로 점괘를 해석해 길흉을 점치게 된다. 점은 신빙성을 높이기 위해 긍정과 부정의 형식으로, 또한 번이 아닌 여러 번 반복해서 치게 된다. 확정된 점괘는 보통 상길(上吉), 소길(小吉), 대길(大吉), 홍길(弘吉) 등이라는 말로 기록해 두었으며, 점복을 거행한 횟수는 일(一), 이(二), 삼(三), 사(四), 오(五) 등의 숫자로 나타냈다.

넷째, 이렇게 해서 점복 행위가 마무리되면, 점복을 시행한 날짜와 점을 주관했던 점복관의 이름, 점을 친 내용 등을 모두 거북딱지에다 기록해 둔다. 점복을 행한 날짜와 점복관의 이름에 관한 기록을 '전사(前辭)', 점 친 내용을 '정사(貞辭)', 갈라진 금에 근거해 얻은 점의 결과를 '점사(占辭)'라고 한다. 그리고 예언한 점괘가 실제로 일어났는지의 결과도 함께 기록해 두기도 하는데, 이를 '험사(驗辭)'라 부른다.

이리하여 완전한 복사라면 대체로 '전사(前辭)', '정사(貞辭)', '점사(占辭)', '험사(驗辭)' 등 네 부분으로 구성된다. 물론 갑골에 새겨진 모든 복사가 이를 다 갖추고 있는 것은 아니다. 아래의 『은허문자』(병편)에 수록된 제247편은 앞서 말한 내용을 모두 갖춘 예에 해당한다.

●6_02. 갑골의 찬(鑽)과 조(鑿)가 새겨진 배딱지 안쪽. 1991년 하남성 안양 화원장(花園莊) 동쪽 지역에서 완전한 상태로 출토되었다. 17.6*27.6㎝. 사회과학원 고고연구소 안양 분소 소장(91AHDH3: 654).

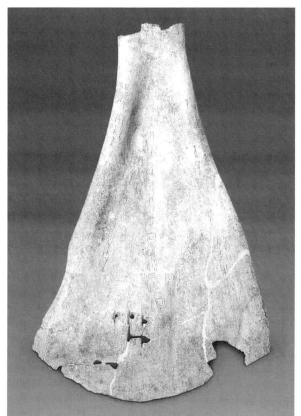
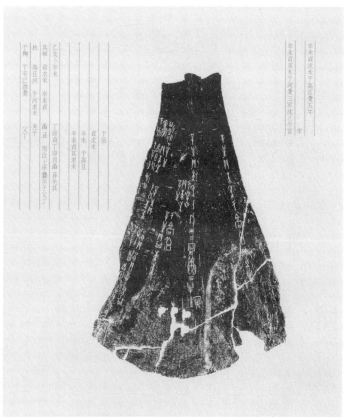

●6_03. 소 어깻죽지 뼈에 새겨진 갑골문.
조상과 산신에게 평안함을 빌었던 내용이다. 거북딱지에 새긴 것을
갑(甲), 동물 뼈에 새긴 것을 골(骨)이라 하고, 이를 합쳐
갑골문(甲骨文)이라 한다.

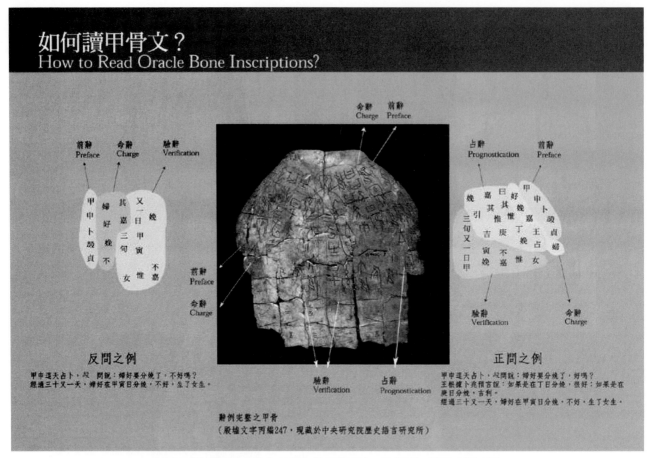

●6_04. 『은허문자』(병편)에 수록된 제247편.(대만 고궁박물원 갑골문 설명 사진)

구분	전사(前辭)	정사(貞辭)	점사(占辭)	험사(驗辭)
원문 (긍정문)	甲申卜, 殼貞:	"(婦)好娩, 嘉?"	王占曰: "其惟丁娩, 嘉. 其惟庚娩, 弘吉."	三旬有一日甲寅娩, 不嘉, 惟女.
해석	갑신일에 점을 칩니다. 점복관인 '각'이 물어봅니다.	"(부)호께서 아이를 낳으면 길하겠습니까?"	왕께서 점괘를 판단해 말씀하셨다. "정(丁)에 해당하는 날에 낳으면 좋을 것이고, 경(庚)에 해당하는 날에 낳으면 더없이 좋을 것이리라."	31일째 되던 갑인일에 아이를 낳았는데 좋지 않았다. 딸이었다.
원문 (부정문)	甲申卜, 殼貞:	"婦好娩, 不其嘉?"		三旬有一日甲寅娩, 允不嘉, 惟女.
해석	갑신일에 점을 칩니다. 점복관인 '각'이 물어봅니다.	"부호께서 아이를 낳으면 길하지 않겠습니까?"		31일째 되던 갑인일에 아이를 낳았는데 과연 좋지 않았다. 딸이었다.

이 복사는 상나라 때의 최고 국력을 구가했던 임금 무정(武丁)이 가장 사랑했다고 하는 그의 아내 부호(婦好)의 출산에 관한 점으로, 아들을 낳을 것인지 딸을 낳을 것인지를 물었던 내용이다. 당시의 점복관을 대표하여 '각'이 점복을 주관하였고, 왕이 직접 거북딱지에 갈라진 모양을 보고 점괘를 판단하였으며, 그 내용은 물론 결과까지 구체적으로 기록했다. 당시 왕통을 이을 왕자의 생산에 대한 기대와 남아 선호사상도 엿볼 수 있다.

●6_05. 갑골문 발견 100주년 기념 학회(1999년 하남성 안양. 필자도 한국 대표로 참가했다)

●6_06. '『갑골학 일백년』 중국어본과 한국어 번역판(필자 역)'. 갑골문 발견 1백 주년을 기념하여 왕우신 등이 1백 년 간의 갑골학 연구사를 집대성한 저작이다.

●6_07. '대만 국립고궁박물원 홈페이지 메인 화면'(www.npm.gov.tw)

●6_08. 대만국립고궁박물원(臺灣國立故宮博物院) 사이트 정보●

제목	대만국립고궁박물원/臺灣國立故宮博物院/National Palace Museum
홈페이지	https://www.npm.gov.tw/
개요	중국의 역대 유명 유물들을 소장한 대표기관이다. 그중 북경 고궁(故宮)에 연원을 둔 것은 모두 청 황실의 유품들이며, 이외에도 열하(熱河)와 심양(瀋陽)의 행궁에 있던 것들도 함께 소장하고 있다. 본 박물원의 소장품은 중국 미술품이 주종을 이루며, 많은 명품을 소장하고 있기 때문에 고궁박물원은 "중화(中華) 문화의 보고"라고 불린다. 유물을 대만으로 옮긴 이후 잠시 대중(臺中) 무봉(霧峰) 북구(北溝)에 1965년까지 보존했었다. 국립고궁박물원과 중앙박물원 주비처가 통합되면서 대북 사림(士林) 외상계(外雙溪)에 위치한 신관이 개방되어 전시되었다. 대만으로 옮겨온 두 기관의 유물은 원 고궁박물원 소장품인 기물 46,100점, 서화 5,526점, 도서문헌 545,797점, 원 중앙박물원 소장품인 기물 11,047점, 서화 477점, 도서문헌 38점 등으로 총 608,985점에 달하며, 본원 소장품은 질뿐만 아니라 양에서도 중국 최고이며, 세계 4대 박물관으로 꼽히고 있다.
주소	11143, 대만 대북시(臺北市) 사림구(士林區) 지선로(至善路) 2단(段) 221호(號) 電話 : +886-(2)-2881-2021, +886-(2)-6610-3600
입장정보	연중무휴 개방, 오전 8시30분부터 오후 6시30분까지. 야간개방시간: 매주 금요일, 토요일 18:30-21:00 일반 NTD 250, 학생할인 NTD 150(국제학생증)
교통	지하철: ①담수(淡水) 노선 사림(士林)역에서 하차, 레드라인(紅) 30번 버스 환승 후 고궁박물원 정류소 하차. ②내호(內湖) 노선의 대직(大直)역에서 하차, 브라운라인(棕) 13번 버스 환승 후 고궁박물원 정류소 하차. ③문호(文湖) 노선의 검남로(劍南路)역에서 하차, 브라운라인(棕) 20번 버스 환승 후 고궁박물원 정류소 하차. 버스: 255번, 304번, 815번, 소형버스 18번, 소형버스 19번을 타고 '고궁박물원' 정류소 하차.
특징	세계 4대 박물관, 중국 역대 최고의 명품들을 소장
주요유물	「모공정」 등 청동기 6,225점. 동양의 피카소라 불리는 장대천(張大千) 기념관.
분류	박물관
참고사이트	https://zh.wikipedia.org/wiki/'國立故宮博物院'

7

서주 갑골

7 서주 갑골

1899년 은허에서 갑골문이 발견된 이후, 앞으로 은허가 아닌 다른 지역에서도 갑골문이 발견될 것이라고 예측해 왔다. 그 예측은 적중되었다. 은허 말고도 여러 다른 곳에서 은허보다 시기가 앞서거나 뒤진 갑골문도 상당수 발견되었다. 더구나 은나라가 아닌 주(周)나라 때의 갑골까지 발견되어 세상을 놀라게 했다.

서주(西周)시대 갑골의 최초 발견은 서주의 근거지였던 섬서성이 아니라 산동성 홍동현의 방추라는 마을에서 1954년 이루어졌다. 이후 서주 때의 갑골은 북경 창평현의 백부(白浮), 섬서성 장안현의 풍호(豊鎬) 유적지에서도 발견되었고, 이어 섬서성 부풍현과 기산현의 사이에 자리한 주원(周原) 유적지 등에서 발견되었다.

그중에서도 주원 유적지의 출토 량이 가장 많은데, 기산현의 봉추(鳳雛) 지역에서 발견된 것만 해도 총 16,700여 편(글자가 있는 300여 편 포함)에 이르며, 주로 주나라 문왕(文王) 때의 일에 관한 기록이다. 이 지역에서 출토된 자료들은 1982년에 처음으로 공개됨으로써 서주 갑골문에 대한 연구를 촉발시켰다.

H11:1

自又正
血𢀖三豚三
区□母其彝
成唐□祭
乙宗貞王其祇祭
癸巳彝文武帝

H11:1 背面

●7_01. '서주(西周) 갑골'.
1977년 섬서성 기산현 봉추촌에서 13,900여 편(글자 있는 갑골 289편)이 발견되어, 상나라 외에 주나라에서도 갑골문이 사용되었음을 증명해 주었다. 상나라와 주나라 간의 계승 관계를 규명하는데 매우 중요한 자료이다.

서주 갑골은 은허 갑골의 영향을 받은 것으로 추정되지만, 은허 갑골과는 다른 특징도 많이 갖고 있다. 예컨대, 서주 갑골 중 동물 뼈[骨]에는 완전한 원형의 찬(鑽)만 보이기도 하고, 거북 뼈[甲]에 파진 조(鑿)는 네모꼴로 되었다. 찬(鑽)과 조(鑿)의 모습이 은허와 다른 모습인데, 아마도 갈라지는 금의 방향을 자유롭게 하여 점의 경우의 수를 다양하게 만든 조치였을 것으로 생각된다.

이뿐만 아니라 글자를 새긴 방식도 달랐다. 은허 갑골은 뼈의 넙적한 부분을 아래쪽으로 하여 세로로 새겼지만, 주원 갑골은 이와 반대로 널따란 부분을 오른쪽으로 놓고 오른쪽에서 왼쪽으로 새겨 나간 것이 대부분이다. 게다가 글자도 매우 작아 5배율 확대경을 통해야만 알아볼 수 있을 정도이다.

●7_02. '주원(周原) 유적지'.
서주 갑골이 대량으로 발견된 주원 유적지는 섬서성 보계(寶雞)시 부풍(扶風)현과 기산(岐山)현 일대에 분포하며, 청동기가 많이 출토되어 '청동기의 고향'으로도 불린다. 동서 70킬로미터, 남북 20킬로미터, 총 33제곱킬로미터에 이르는 기원전 11세기~기원전 8세기까지의 대형 유적지이다.

이런 특징들이 무엇을 말하는지, 은허 갑골과 어떤 관계에 있는지는 계속 연구해 보아야 할 문제이다. 중국 고대사에서 상나라와 주나라가 문화적으로 계승의 관계인지 별개의 관계인지 등, 즉 '상주 관계사'는 매우 중요한 역사 문제인데, 주원 갑골과 은허 갑골의 성격과 내용은 이에 관한 실마리를 제공할 수 있을 것이다.

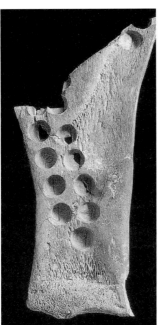

●7_03. '서주 갑골'. FQ1 앞면과
뒷면.

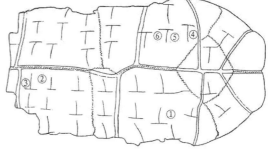

●7_04. '서주 복골'(모사도).

●7_05. '주원(周原)박물관'.

1987년에 건립된 섬서성 보계(寶雞)시 부풍(扶風)현 법문진(法門鎭)에 자리한 주원박물관은 이 지역에서
발견된 대량의 청동기와 서주 갑골문 1만 여점을 소장하고 있는데, 보물 4점, 국가 1급 유물 173점이
포함되었다. 1982년에 중국 중점문물 단위로 지정되었다.

●7_06. '주원(周原)박물관' 사이트 정보●

제목	주원박물관/周原博物館/Zhou Yuan Museum
홈페이지	http://u6569220.b2bname.com/
개요	섬서성 보계시(寶雞市)에 있으며, 대규모 고고발굴이 이루어진 주원(周原) 유적지의 기초 위에 1987년 설립된 전문 박물관이다. 부풍(扶風)현과 기산(岐山)현의 경계 지역에 자리한 경당촌(京當村) 등은 초기 주(周)나라 유적지이며, 이들 유적지에 박물관이 세워졌다. 박물관의 면적은 3,400㎡이며, 실내와 실외의 두 전시실로 구성되었다. 실내전시실에는 주원역사문물전시실(周原歷史文物陳列), 서주서예전시실(西周書法藝術展覽), 서주 술 문화 전시실(西周酒文化展覽), 주원 진귀 문물 특별전시실(周原珍貴文物特別展) 등으로 구성되었으며, 총 3,375점의 유물을 소장하고 있다. 서주 갑골을 비롯해, 「사장반(史牆盤)」, 「절굉(折觥)」을 비롯해 장백(莊白) 제1호 교장(窖藏)에서 출토된 103점으로 이루어진 청동 세트 등 수백 점의 서주 청동기가 소장되어 있다.
주소	섬서성 부풍현(扶風縣) 법문진(法門鎮) 소동촌(김陳村)
교통	열차: 서안북역(西安北站)에서 매일 14차례의 기산(岐山) 행 열차가 있으며, 기산 역에서 경당진(京當鎮) 행 중형버스를 이용, 경당진(京當鎮) 하차. 시외버스: 서안성서부터미널(西安城西客運站)에서 기산(岐山) 행 시외버스를 이용, 기산 터미널에서 경당진(京當鎮) 행 중형버스를 이용, 경당진(京當鎮) 하차.
특징	1987년 개관, 1982년 전국 중점문물보호단위로 지정.
주요유물	서주갑골(周原甲骨), 「사동정(師同鼎)」, 「절굉(折觥)」 등
분류	전문 박물관
참고사이트	http://baike.baidu.com '周原博物館

8

중국의 청동기 시대

8 중국의 청동기 시대

　인류는 청동이라는 금속을 만들어 내면서 생산이 비약적으로 발전했다. 뿐만 아니라 석기시대와는 비교가 되지 않을 정도의 무기가 대량으로 생산되어 주변을 정복하면서 권력 체계가 만들어지고 급기야 국가가 건설되었다.

　중국 고고학의 최고 권위자였던 하버드 대학의 장광직(張光直, 1931~2001)은 중국 문명의 커다란 특징의 하나로 '청동기 문명'을 꼽았다. 알다시피 인류의 역사는 사용 도구의 발달에 따

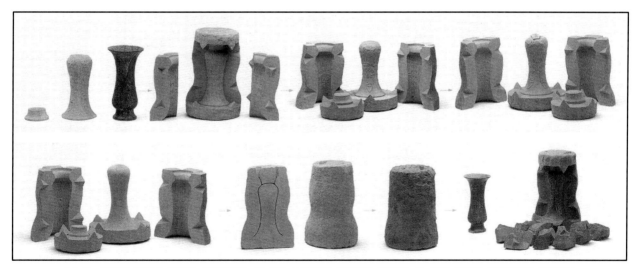

●8_01. 중국의 청동기 제작법. 도범(陶範), 즉 진흙 거푸집을 사용하여 만들었는데, 중국 고유의 제작법으로 알려졌다.

라 구석기, 신석기, 청동기, 철기 시대로 나뉜다. 중국은 세계의 4대 문명 발상지답게 매우 일찍부터 청동기 시대에 진입하였는데, 늦어도 하(夏)나라 때부터는 본격적으로 시작되었을 것으로 추정된다. 이후 전국(戰國)시대에 들면서 새로운 발명품인 철기가 제작되었음에도 중국에서는 청동기가 여전히 가장 중요한 존재로 남았다. 또, 다른 문명에서는 청동으로 무기를 만들었지만 중국은 그 대신 제기(祭器)를 만들었고, 이로써 그들의 권위를 획득하고 이를 통해 주변을 지배했다. 독특한 방식이다.

이 때문에 중국에서는 상상을 초월하는 다양하고도 많은 청동기가 만들어졌다.

●8_02. '사모무정(司母戊鼎)'.
이 청동 솥은 무게가 무려 832.84kg으로, 세계에서 가장 무거운 청동 기물이다. 실제 기물의 중량만 그러니, 이를 만드는 데 든 청동은 족히 1.2톤은 되어야 했을 것이다. 최고 질 좋은 동(銅)의 원석이라고 해도 순 함량이 5%를 넘지 않으니, 이 기물을 만들려면 최소 60톤의 원석이 필요했을 것이다. 약 3,300년 전의 고대사회에서 이러한 엄청난 양의 원석을 동시에 녹이고 이로 솥 하나를 만드는데, 얼마나 많은 공력과 비용이 필요했을까? 왜 그랬을까?

가장 대표적인 것이 정(鼎)과 작(爵)이다. 정(鼎)은 음식물을 삶는데 쓰던 요리기구로, 세 개의 발[足]과 두 개의 귀[耳], 볼록한 배[腹]를 가졌다. 발이 뾰족한가, 뭉뚝한 기둥 모양인가, 말발굽 모양인가에 따라 시기가 달라지기도 한다. 또 발이 넷 달린 네모꼴의 정(鼎)도 있는데, 따로 방정(方鼎)이라 구분하여 불렀다.

작(爵)은 대표적 술잔인데, 보통 3개의 발과 불룩한 배, 술이 흘러나오는 주둥이[流], 그 반대편의 꼬리[尾], 두 개의 조그만 장식 기둥[柱] 등으로 구성된다. 작(爵)은 살포시 내려앉은 참새[雀·작] 모양을 닮았다고 해서 '참새'를 뜻하기도 했고, 작(爵)의 숫자가 신분의 상징이었으므로 '관작(官爵)'을 뜻하기도 하였다.

청동기는 종류도 많고 시대에 따라 다양한 모습으로 나타나 일일이 이름 붙일 수는 없다. 그러나 대체로 요리그릇으로 정(鼎), 역(鬲), 언(甗) 등이, 음식을 담는 그릇으로 궤(簋), 수(盨), 보(簠), 돈(敦), 두(豆) 등이, 술잔으로 작(爵), 각(角), 가(斝), 고(觚) 등이, 술그릇으로는 굉(觥), 준(尊), 유(卣), 이(彝), 뢰(罍), 호(壺) 등이 있으며, 술 푸는 국자에 작(勺), 술그릇 진설대로 금(禁) 등이 있었다.

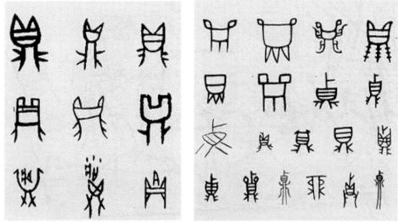

●8_03. 정(鼎)자의 갑골문과 금문의 각종 필사법. 발의 다양한 모습이 구체적으로 반영되었다.

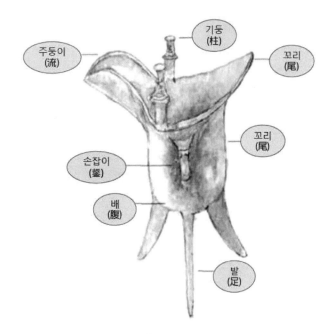

●8_04. 작(爵)의 부위별 명칭. 상나라.

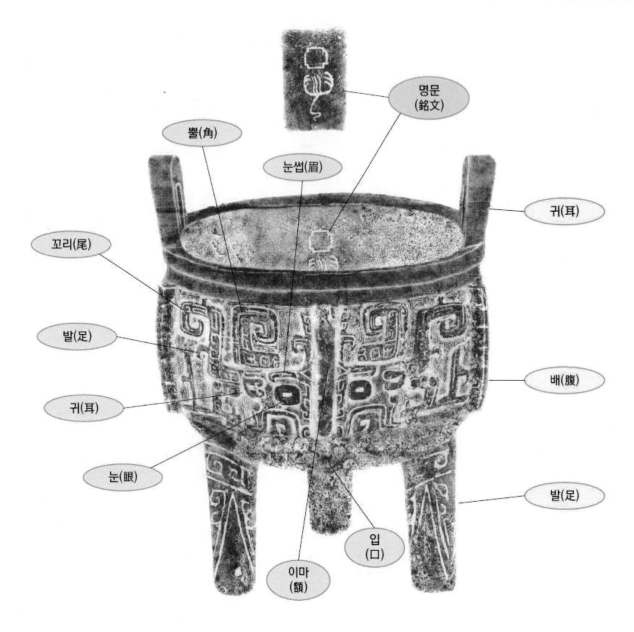

●8_05. 정(鼎)의 부위별 명칭.

왜 이렇게 다양한 청동기가, 이렇게도 많이 만들어졌던 것일까? 가장 중요한 이유는 장광직의 말처럼 당시의 청동기가 권력의 획득과 신분의 상징으로 기능했기 때문이다. 특히 봉건제가 확립되었던 서주(西周) 때에는, 정(鼎)의 경우 천자만이 9개로 된 세트를 가질 수 있었고, 제후는 7개의 세트, 대부는 5개의 세트를 가질 수 있었다고 한다. 이 때문에 '구정(九鼎)'이라는 말은 '천자'를 상징하게 되었고, '정의 값을 물어보다'는 뜻의 '문정(問鼎)'은 '천자의 자리를 넘보다'라는 뜻으로 쓰였다.

청동기에는 귀함만큼이나 다양하고도 화려한 무늬가 새겨졌는데, 그중에서도 대표적인 것이 도철(饕餮)무늬라는 것이다. 도철은 상상속의 동물인데, 보통 재물을 탐내는 것을 '도(饕)'라 하고, 먹을 것을 탐내는 것을 '철(餮)'이라고 한다. 그래서 이 무늬는 인간의 탐욕을 경계하려거나, 아니면 어떤 사악한 기운을 몰아내기 위한 상징으로 사용되었을 것으로 보인다.

청동기의 무늬는 하나하나가 상징을 갖고 있으며, 시대에 따라 그 주제도 변하여, 무늬를 통해 시대의 모습을 감상해 보는 것도 재미있는 일이다.

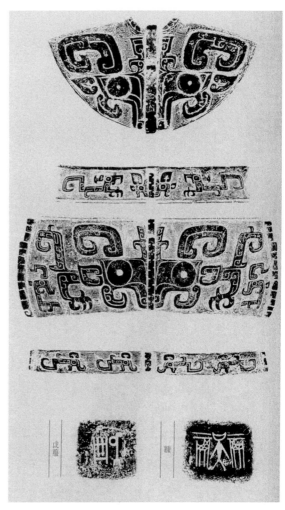

●8_06. '도철무늬'.
청동기에 가장 자주 등장하는 무늬이다. 도철무늬는 크게 코와 입, 눈과 큰 눈썹, 몸과 꼬리 등의 부분으로 구성되어 있고, 번개무늬를 주된 바탕무늬로 사용하고 있다. 도철이라는 것은 상상 속의 동물로, "재물을 탐내는 것을 도(饕)라 하고, 먹을 것을 탐내는 것을 철(餮)"이라고 한다. 제일 아래는 씨족 표지를 새긴 족휘(族徽) 부호들이다.

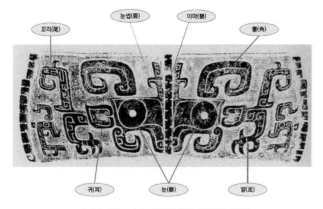

꼬리(尾)　눈썹(眉)　이마(顙)　뿔(角)
귀(耳)　눈(眼)　발(足)

●8_07. 청동기 '도철무늬'의 부위별 명칭.

●8_08. 청동기 무늬.
▲봉(鳳) 무늬. 서주 시대『왕작좌수정(王作左守鼎)』의 복부
윗부분. Poly Art Museum 소장. (폴리예술박물관,
『輝煌燦爛靑銅器』, 2002, 19쪽.)
◀용무늬. 상나라 반룡무늬 쟁반(商蟠龍紋盤). Poly Art Museum
소장. (폴리예술박물관, 『輝煌燦爛靑銅器』, 2002, 18쪽.)

●8_09. 전국 시대 '사회생활 그림 무늬'.
　호리병에 상감되었다. 높이 41㎝. Poly Art Museum 소장. (폴리예술박물관, 『輝煌燦爛靑銅器』, 2002, 51쪽.) 표면에 삼단으로 나뉘어
무늬가 새겨졌는데, 윗부분은 제1단 무늬로, '채상도'와 활쏘기 연습을 하는 장면이 그려졌다. 아래는 제3단으로, 공성도와 해전도로
전쟁하는 모습이 사실적으로 그려졌다.

●8_10. '보계 청동기
박물원(寶雞靑銅器博物院)'.
(www.bjqtm.com)
주(周)나라와 진(秦)나라의 발원지였던
섬서성 보계에서는 역대로 수많은
청동기가 발견되었다. 이들을
과학적으로 보존하고 청동기 문화를
기념하기 위해 2010년
'석고산(石鼓山)'에다 현대식의 중국
최고 청동기 박물관인
'보계청동기박물관'을 건립 개관했다.
석고산은 당나라 전국시대
진(秦)나라의 4언 시를 새겨놓은
10개의 '석고문'이 발견되어 유명한
곳이다.

●8_11. 「사장반(史牆盤)」.
1976년 섬서성 보계시
부풍(扶風)현에서 출토되었다. 높이
16.2cm, 입 지름 47.3cm, 깊이 8.6cm에
이르는 대형 쟁반이며, 바닥에 284자의
명문이 새겨졌다. 명문의 전반부는
서주의 7대 제왕 즉 문왕, 무왕, 성왕,
강왕, 소왕, 목왕, 공왕의 공적을
기술하고, 후반부에서는 이 기물의
주인인 미씨(微氏) 일가의 5대
선조에서부터 자신에 이르는 족적을
기술하였다. 명문에 기록된 내용이
사마천의 『사기·주본기(周本紀)』의
내용과 일치하고, 미씨 가문의 역사를
통해 서주 때의 귀족 가문의 면면을
확인할 수 있는 중요한 자료가 되고
있다. 이러한 중요성 때문에 해외 전시
금지 품목으로 지정되었으며, 현재
보계 청동기 박물원에 소장되었다.

●8_12. 보계에서 발견된 청동 금(禁).

2013년 발견되었다. 금(禁)은 청동 술그릇을 진설하는 받침대인데, 현재 3세트만 존재한다. 하나는 미국 메트로폴리탄 박물관에, 다른 하나는 천진 박물관에 소장되어 있다. 위는 길이 94.5㎝, 높이 20.5㎝, 너비 45㎝로 되었는데, 지금까지 발견된 것 중 가장 크다. 발견 당시 이 금(禁) 위에 술 저장 그릇인 네모꼴의 이(彝)와 술 주전자인 유(卣), 술 뜨는 국자인 두(斗)가 진설된 채 발견되어 주나라 때의 실제 사용 모습을 전해 주고 있었다. 『周野鹿鳴: 寶鷄石鼓山西周貴族墓出土靑銅器』(섬서성고고연구소 등, 2014), 224~247쪽 참조.

●8_13. '보계 청동기 박물원(寶雞靑銅器博物院) 홈페이지(메인 화면)와 사이트 정보●

제목	보계 청동기 박물원/寶雞靑銅器博物院/Baoji Bronze Ware Museum
사이트	www.bjqtm.com
개요	1956년에 건립된 보계역사문물진열실(寶雞歷史文物陳列室)을 전신으로 하고 있는데, 1958년 보계시(寶雞市) 박물관으로 이름을 바꾸었고, 1990년 관남로(關南路)로 옮겨 1998년 재개관했다. 2006년 석고(石鼓)의 출토지인 석고산(石鼓山)에 신관을 건설하여 2010년 완성하여 보계 청동박물원(寶雞靑銅器博物院)이라 이름하였고, 2015년에는 표지석을 중국청동기 박물관(中國靑銅器博物館)으로 고쳤다. 현재 중국 최대 청동기박물관이며, 신관은 청동기 출토의 실제 모습을 디자인하여 건축하였으며, 총 면적이 3.48만㎡에 이른다. 소장 유물은 12,000여 점에 이르는데, 그중 「하준(何尊)」, 「절굉(折觥)」, 「여왕호궤(厲王胡簋)」, 「장반(牆盤)」, 「진공박(秦公鎛)」 등 국가1급 유물도 120여 점이 포함되었다.
주소	섬서성 보계시(寶雞市) 빈하남로(濱河南路) 중화석고원(中華石鼓園)
입장정보	화요일~일요일 9:00~17:00, 무료, 매일 3000명 제한(14시 이전 2000명, 16시 이전 1000명 입장 가능)
교통	보계 기차역에서 20분, 함양 비행장에서 1.5시간. 시내버스: 8번, 10번, 17번, 28번, 51번, 61번 등.
특징	2010.9. 개원, 중국 최대 청동기 전문 박물관
주요유물	「하준(何尊)」, 「절굉(折觥)」, 「여왕호궤(厲王胡簋)」, 「장반(牆盤)」, 「진공박(秦公鎛)」
분류	역사문물박물관
참고사이트	http://baike.baidu.com/

사진으로 떠나는 한자 역사 기행

9

청동기 연구

9 청동기 연구

청동기의 발견은 아주 일찍부터 이루어졌다. 서기 100년에 완성된 『설문해자(說文解字)』에서도 당시 청동기가 종종 발견되었다고 했다. 그러나 연대가 분명한 최초의 발견은 한나라 무제 때였던 기원전 116년 여름, 지금의 산서성 분수(汾水) 유역의 분양(汾陽)이라는 곳에서 발견된 청동 정(鼎)으로 알려졌다.

당시는 청동기의 출토를 하늘이 도와 덕이 있게 될 길조라 여겼던 때였다. 그래서 이를 종묘에다 보관토록 하는 한편 특별히 「경성가(景星歌)」를 지어 경축했고, 심지어 연호도 새로 제정하여 원정(元鼎)이라 했다. '정(鼎)을 발견한 원년'이라는 뜻의 이 연호는 무제가 사용했던 다섯 번째 연호로 기원전 116년부터 기원전 111년까지를 일컫는다. 청동기의 발견을 얼마나 중요하게 여겼는지 알 수 있다. 오늘날의 처지에서 보면 정말이지 해프닝이 아닐 수 없지만 말이다.

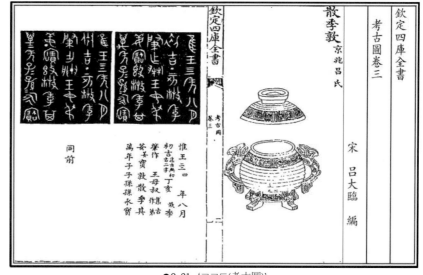

●9_01. '고고도(考古圖)'.
송나라 때의 여대림(呂大臨, 약 1042~약 1092)이 편찬한 금문 저록집으로, 10권으로 되었으며, 1092년 완성되었다. 당시의 궁궐과 개인 소장 고대 청동기와 옥기를 수록하였다. 청동기의 분류와 명칭 부여 및 기물과 명문을 함께 싣는 당시의 저록 방식은 이후 중국의 전통이 되었다.

1899년 갑골문이 발견되기까지 중국에서는 갑골문의 존재 자체를 몰랐던 때라 청동기가 가장 주목 받는 유물이자 최고의 골동이었다. 특히 송나라에 이르면 경제와 문화가 비약적으로 발전하였으며, 귀족 사회에서는 골동품의 수집이 붐을 일으켰다. 모두들 앞 다투어 청동기들을 사들였고, 그러다 보니 자연히 '가짜'도 유행하게 되었다. 가짜를 감별하기 위해서는 청동기를 보다 정교하게 연구해야 했고, 이 때문에 청동기에 대한 종합적인 연구가 크게 성행하게 되었다. '금석학(金石學)'이 하나의 학문으로 발전하게 되었던 것도 이때였다.

특히 1092년에 여대림(呂大臨)이 편집한 『고고도(考古圖)』는 당시의 정부와 개인이 소장하고 있던 210여 점의 청동기를 수록하였는데, 청동기의 형태와 명문과 이의 해석은 물론 발견 장소와 크기와 무게에 이르기까지 모든 사항을 상세히 기록하여, 오늘날 금석 저술의 모범을 마련했다. 이를 이어 『선화박고도(宣和博古圖)』, 『역대종정이기관지법첩(歷代鐘鼎彝器款識法帖)』, 『속고고도(續考古圖)』, 『금석록(金石錄)』 등이 출간되어 금석학의 전성시대를 이루었다. 그 후 청나라에 들면서 고증학(考證學)의 유행으로 금석학은 또 한 번 주목을 받으며 성행했다.

그리고 청나라 날이었던 1899년, 갑골문이 발견되면서 중국 고대사 연구는 전에 볼 수 없던 붐을 일으켰고, 청동기에 대한 고고발굴과 연구도 엄청난 활기를 띠게 되었다. 게다가 서구 고고학 지식의 수입과 함께 이론적 체계도 강화되고 방법도 더욱 진화했다.

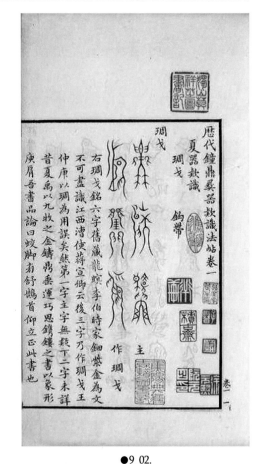

●9_02.
『역대종정이기관지법첩(歷代鐘鼎彝器款識法帖)』. 송나라 설상공(薛尚功)의 저작. 청나라 가경(嘉慶) 2년(1797) 완원(阮元) 간행본, 1함(函) 2책(冊), 백지에 선장(線裝), 반광(半框) 19.4×14.㎝. 鐘鼎文(종정문) 510종을 수록하였으며, 송대 금문 저록 연구의 필수 참고서이다.

21세기에 들면서 중국 경제의 비약적 발전과 국가적 위상의 제고와 함께 청동기를 국가적 차원에서 체계적으로 모으고 연구하고 전시하는 작업이 이루어졌다. 대표적인 것이 청동기 전문 박물관의 건립이었는데, 상해박물관과 이를 이어 만들어진 '보계(寶雞) 청동기 박물원'이 대표적이다.

상해박물관은 1996년 10월 새롭게 개관했는데, 청동기 최고 박물관을 표방하여 외양도 두 개의 귀와 불룩한 배를 가진 정(鼎)의 모습을 본떴으며, 국보급 청동기가 대단히 많이 소장된 것으로 정평이 나있다. 이는 청동기 권위자였던 마승원(馬承源, 1928~2004) 관장의 역할이 컸던 것으로 알려져 있다.

●9_03. '상해박물관 전경'.
(홈페이지: www.shanghaimuseum.net)

청동기는 하나라와 상나라 때에도 많이 생산되었지만, 최고의 전성시대는 아무래도 서주 때라고 해야 할 것이다. 이런 이유로 서주의 수도였던 섬서성 주원(周原) 지역에서 청동기가 많이 출토되었다. 이 때문에 2010년 주원의 옛 땅 보계(寶雞)에다 청동기 전문 박물관인 '보계 청동기 박물원(China Bronze Ware Museum)'을 개관했는데, 현재 중국 최대 청동기 박물관으로 인정받고 있다. 「하준(何尊)」, 「절굉(折觥)」, 「여왕호궤(厲王胡簋)」, 「사장반(史牆盤)」, 「진공박(秦公鎛)」 등 국보급 청동기 120

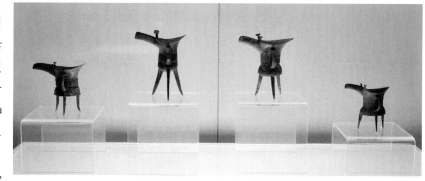

●9_04. 상해박물관에 진열된 상나라 때의 작(爵) 세트.
기원전 16~기원전 13세기.

여점을 포한한 1,200여 점을 소장하고 있다. 보계 지역은 청나라 때부터 유명한 「모공정(毛公鼎)」, 「대우정(大盂鼎)」, 「산씨반(散氏盤)」, 「괵계자반(虢季子白盤)」 등이 출토되어 '청동기의 고향'이라 불리기도 한다.

청동기를 소장한 대표적 박물관으로, 이외에도 대만의 '국립고궁박물원'을 들어야 할 것이다. 1949년 국민당이 공산당과의 전쟁에서 패하여 대만으로 갈 때, 당시의 북경 고궁(자금성) 등에 있던 유물들을 가져가 전시한 곳이다. 그러다 보니, 청나라 때까지 왕실에서 수집한 보물과 1949년까지의 중요 유물들이 보존되어 있다. 대표적인 청동기로는 지금까지 발견된 청동기 중 글자 수가 가장 많다고 알려진 「모공정(毛公鼎)」 등이 대표적이다.

●9_05. 대만의
'고궁박물원(故宮博物院)'.
(www.npm.gov.tw)
1965년 완성하여 1966년부터
개관하고 있으며, 1949년 국민당이
대륙에서 철수할 때 북경의
고궁(故宮), 심양의 고궁(故宮),
피서산장(避暑山莊),
이화원(頤和園), 정의원(靜宜園),
국자감(國子監) 등에 있던 중요
황실 소장품들을 모아 가져왔다.
청동기와 옥기, 도자기, 고대 문헌,
명화, 탁본 등 696,000여 점을
소장하고 있는 세계적인
박물관이다.

●9_06. 「모공정(毛公鼎)」.
서주 후기. 1843년 섬서성
기산(岐山)에서 출토. 높이
53.8㎝, 입 지름 47.9㎝. 무게
34.5㎏. 배 안쪽에 32행에 총
500자(497자, 499자라는 설도
있음)의 명문이 새겨졌는데,
서주 최고의 글자 수를
자랑한다. 「대우정(大盂鼎)」,
「산씨반(散氏盤)」,
「괵계자반(虢季子白盤)」과
함께 '청나라 말 4대 국보'로
불린다. 대만 고궁박물원 소장.

●9_07. 중국 청동기 모음.
미국 뉴욕 메트로폴리탄 박물관 소장. 술잔에 속하는 것으로, 고(觚 gū), 작(爵 jué), 가(斝 jiǎ) 등이, 술그릇으로 화(盉 hé), 유(卣 yǒu), 준(尊 zūn) 등이, 음식그릇으로 정(鼎 dǐng), 력(鬲 lì), 궤(簋 guǐ) 등이 보인다.

●9_08. 서주 시대 '귀신 얼굴 술 주전자(西周神面卣).
높이 33.8㎝. Poly Art Museum 소장. (폴리예술박물관, 『輝煌燦爛靑銅器』, 2002, 30~31쪽.)

10

금문

10 금문

황금이나 쇠를 뜻하는 금(金)은 원래 '청동기'를 뜻했다. 자형도 청동기를 만드는 거푸집을 그렸다. 그래서 금문(金文)은 '청동기[金]에 새겨진 글자[文]', 즉 청동기 명문을 말한다.

고대 중국에서 권위의 상징이자 대단히 귀한 보물이었던 청동기는 아무나 만들 수 있었던 것이 아니었다. 처음에는 왕실에서만 제한되어 만들어졌고, 이후 왕의 형제들이나 큰 공을 세운 신하들에게, 또는 제후로 봉할 때에 그 상징으로 하사하였다. 그래서 청동기에는 그러한 내용을 기록해 자손대대로 영원히 전해지도록 하였다. 그렇게 남겨진 것이 바로 '금문'이다.

그래서 당시의 여러 상황을 기록한 금문은 고대중국의 역사와 사회, 문화 등을 연구하는 데 매우 중요한 직접적 자료가 된다.

예컨대, 상나라는 주나라에 의해 멸망했다. 『사기(史記)』 등 전통 역사서에 의하면, 거대한 제국 상나라가 뜻밖에도 한나절 만에 주나라에 의해 멸망했다고 기록했다. 그 유명한 목야(牧野)의 전투에서였는데, 상나라 수도였던 은허(殷墟) 부근에서 이루어졌다. 그러나 이는 후대 사람이 쓴 문헌의 기록으로만 전해질 뿐 당시의 직접적인 기록은 없어 진실을 알 수 없었다.

●10_01. '금문에 보이는 주(鑄)자'(위)와 '씨족표지무늬'(아래)

그런데, 1976년 섬서성의 임동(臨潼)현에서 출토된 「이궤(利簋)」에서는 주나라 무왕이 상나라를 정벌하는 그 역사적인 전쟁을 그대로 기록되어, 후대 역사서의 기록이 사실임을 밝혀 주었다. 이렇게 기록하고 있다.

주나라 무왕께서 상나라의 주(紂)왕을 정벌한 것은 갑자일 이른 새벽이었다. [이 일이 있기 전] 세(歲)라는 제사를 드리고 점을 친 적이 있는데, 승리할 것이라는 길조를 얻었다. 과연 하루 만에 상나라의 수도를 점령할 수 있었다. [7일이 지난] 신미일, 무왕께서는 난(闌)이라는 주둔지에서 [전쟁에 공을 세운] 이(利)라는 관리에게 청동을 하사품으로 내렸다. [이는] 하사품으로 받은 청동으로 선조인 단공을 추모하면서 보배로운 이 청동 기물을 주조하노라.

무왕이 갑자일에 상나라를 정벌하였다는 기술은 『상서』나 『일주서(逸周書)』 등과 같은 전통적 문헌의 기록과도 완전히 일치하고 있다.

●10_02. 「이궤(利簋)」와 명문.
1976년 섬서성 임동현에서 출토. 중국국가박물관 소장. 28*22㎝, 7.95㎏. 서주 최초의 청동기. 주나라가 상나라를 멸망시키던 그날의 전투 상황을 생생하게 묘사하였다. 그래서 ‘무왕정상궤(武王征商簋)’라고도 부른다.

그런가 하면, 당시의 소송 기록을 통해 법률제도를 살펴볼 수 있는 것도 있는데, 「홀정(曶鼎)」이 대표적이다. 이 기물은 청나라 때인 1778년 필원(畢沅)이라는 학자가 소장했다고 하는데, 이후 전쟁 통에 기물은 없어지고 탁본만 전해진다.

서주시대 공왕(恭王, 기원전 950년~기원전 936년 재위) 때의 것으로 추정되는 이 기물에는 24행으로 된 총 410자(그 중 아랫부분의 31자는 뚜렷하지 않음)의 장편 명문이 새겨졌다. 내용은 대체로 세 부분으로 되어 있는데, 첫 단락은 주인공 홀에게 선조로부터 세습되던 관직을 수여하는 내용이고, 두 번째 단락은 매매계약 위반 사건에 관한 기록이며, 마지막 단락은 벼의 도난사건에 관한 기록이다. 세 번째 단락이 특별히 볼만한데, 대략적인 내용은 이렇다.

●10_03. 청동기 명문 장식 도안.
(상해박물관)

광계(匡季)라는 사람의 가신 20명이 주인공 홀(曶)의 경작지를 침범해 총 10자(秭: 1자는 200秉, 1秉은 1단에 해당함)에 달하는 벼를 훔쳐간 사건이 발생했다. 급기야 홀은 그들의 주인 격인 광계를 동궁에 있는 왕세자에게 고소하게 되었다. 심의 결과, 광계에게 가신을 대신하여 손해를 배상하고 사죄할 것을 명하고, 이를 어기면 본인도 함께 처벌될 것이라는 판정이 나왔다. 그래서 광계는 밭 5전(田: 1전은 한 사람이 농사지을 수 있는 크기의 땅)과 노예 한 사람과 하인 3명 등을 배상금 조로 내 놓았다. 하지만, 광계 자신은 위법 행위가 없었다고 끝까지 주장하며 사죄는 하지 않았다. 그러자 홀은 이에 불만을 품고 다시 소송을 제기했다. 그 결과 지난번 절도 당했던 벼의 양의 두 배에 해당하는 20자를 배상할 것이며, 만약 이듬해까지 채무 이행을 하지 않으면 다시 이의 2배를 추가하여 총 40자를 배상해야 할 것이라 판시했다. 그리하여 광계는 훔쳤던 양만큼의 벼를 배상함과 동시에 밭 2전과 하인 한 명을 추가로 손해 배상했다.

여기에 기록된 소송과정과 손해배상에 대한 판정 등을 통해, 2800년 전 당시 토지경제가 얼마나 중요했으며 법의 집행 또한 매우 엄격하게 지켜지고 있었음을 알 수 있다. 특히 절도행위에 대해서는 손해 배상뿐만 아니라 사죄까지 하게 함으로써 절도행위에 대한 법적 책임은 물론 도덕적 책임을 물게 하여 범죄에 대한 경각심을 불러일으키고 있다. 그뿐만 아니라 피소되었던 광계라는 사람은 승전국인 주(周)나라 출신이고, 소송을 제기한 사람인 홀은 주나라에 의해 정복당한 은(殷)나라의 유민 출신이라는 점을 고려한다면, 당시의 법률이 출신성분이나 지위에 관계없이 공평하게 지켜지고 있음에 놀라지 않을 수 없다.

●10_04. 금문의 법(法)과 예서의 법(法)자

'정의롭고 공평해야 한다'라는 뜻을 담은 법(法)자의 어원을 반영이라도 하듯, 2800년 전 당시에 법이 이렇게 엄격하고 공평하게 집행되었다는 것은 오늘날 법치주의를 살고 있는 우리들을 반성하게 한다.

이외에도 금문에는 (1)씨족표지[族徽], (2)제사, (3)임명장 수여[冊命], (4)분봉(分封) 즉 임금이 제후들을 임명하는 내용에 관한 기록, (5)전쟁, (6)법률

●10_05. '씨족표시무늬'.

사무, (7)토지제도, (8)공적, (9)결혼 등을 비롯해 당시의 관작 제도나 교육제도, 왕과 제후 간의 공납 및 알현에 관한 제도, 군사훈련을 위한 대규모 사냥활동 등이 기록되어 있다. 또 후손에 대한 훈계 말씀을 기록한 것도 있는가 하면 단순히 기물을 만든 사람의 서명을 기록한 것도 보이며, 당시의 악률(樂律)을 기록한 것도 있다.

●10_06.
'홀정(曶鼎) 명문'.
서주시대
공왕(恭王) 때의
유물이다. 24행
410자(아랫부분의
31자는 뚜렷하지
않음)의 명문이
새겨졌으며,
주인공 가문의
세습 과정과 매매
계약 위반과 절도
사건의 판결과
관련한 내용을
기록하여 당시의
법률을
이해하는데 큰
도움이 된다.

11

전국시대 문자

11 전국시대 문자

기원전 770년, 중국을 지배하던 주(周)나라는 서북 이민족의 침입으로 수도를 지금의 서안(西安)에서 동쪽인 낙양(洛陽)으로 옮기게 된다. 이를 계기로 천도 전의 '서주(西周)'와 천도 후의 '동주(東周)'로 나누어진다. 전 중국을 호령했던 거대한 제국의 권위가 손상을 입었고 지배력에 균열이 생기면서 지배 영영도 축소되었을 뿐더러 제후국들이 각자의 힘을 뽐내는 시대가 전개되었다.

동주(東周)는 다시 전반과 후반으로 나뉘는데, 전반을 춘추(春秋)시대, 후반을 전국(戰國)시대라 부른다. 춘추(春秋)라는 이름은 공자가 썼던 노(魯)나라의 역사서 『춘추(春秋)』에 언급된 시기(기원전 476년, 혹은 기원전 403년이라고도 함)까지를 말하고, 전국(戰國)이라는 이름은 제후국들의 패권 다툼이 극력했던 데서 '전쟁의 시대'라는 뜻을 담은 이름이다. 주도권을 상실한 채 천자국의

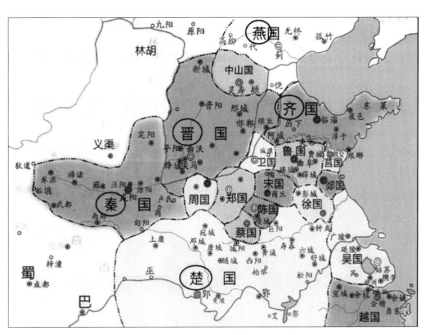

●11_01. 전국시대 문자의 5대 계열.

동쪽의 제(齊)나라 계열 문자는 제(齊)를 비롯해 노(魯), 주(邾), 예(倪), 임(任), 등(滕), 설(薛), 거(莒), 기(杞), 기(紀), 축(祝) 등을, 중원지역의 진(晉)나라 계열 문자는 진(晉), 한(韓), 조(趙), 위(魏), 중산(中山), 정(鄭), 위(衛) 등을, 서남쪽의 초(楚)나라 계열 문자는 초(楚), 오(吳), 월(越), 서(徐), 채(蔡), 송(宋), 증(曾) 등을 포함한다. 그리고 북쪽의 연(燕)나라 계열 문자, 서쪽의 진(秦)나라 계열 문자 등의 다섯 지역으로 나눈다. 특히 장강(長江) 유역은 물론 한수(漢水)와 회수(淮水) 사이에 있는 여러 작은 나라들이 포함된 초(楚)나라 계열 문자는 나머지 네 지역과 비교하여 남방적 특색을 띠고 있어 장식성이 강하게 강조된 매우 화려한 문자체를 사용한 것이 특징적이다.

명맥을 이어오던 주나라는 기원전 256년 제후국의 하나였던 진(秦)에 의해 멸망하게 된다.

이 시기는 이전의 상나라나 서주와는 달리 분열된 제후국이 독립된 힘을 가지면서 각자의 발전을 도모하던 시기로, 약육강식의 전쟁의 시대였다. 처음에 400여 개에 이르던 제후국은 점차 '전국 7웅'이라는 7개의 나라로 통합되었고, 결국에는 다시 진(秦)나라에 의해 병합되어 하나로 통일되었던 것이다.

이러한 극도의 분열 과정을 거치면서 제후국들은 각자의 독자적인 제도와 문화를 형성해 갔고, 마차의 폭(오늘날의 도로의 폭에 해당)이나 도량형이나 말이나 문자도 각자의 표준을 형성 유지해 나갔다. 이 때문에 진시황은 제국을 통일한 후 중앙집권의 시행을 위해 곧바로 도량형과 문자통일을 시도했고, 그 과정에서 진나라를 제외한 다른 나라들의 독자적인 문자들은 역사에서 자취를 감추게 되었다.

이들 나라가 역사에서 자취를 감춘 바람에 당시의 문자가 나라별로 선명한 지역적 특성을 가졌다는 것을 그간 잘 알지 못했는데, 20세기 들어서야 이러한 인식이 이루어진다.

●11_02. '왕자가 사용하는 창'이라는 뜻의 '왕자용과(王子用戈)'. 글자마다 새 모양의 장식을 더했다.

●11_03. '전(戰)'의 예서체(왼쪽)와 초나라 죽간 서체(오른쪽)

그러한 인식을 이끌어낸 사람은 다름 아닌 갑골학 4대가의 한 사람이었던 왕국유(王國維, 1877~1927)이다. 그는 '전국시대 진나라에서는 주문을 사용하고 육국에서는 고문을 사용했다는 설[戰國時秦用籒文六國用古文說]'이라는 짧은 논문을 발표한다.

그는 전국시대 때의 문자가 지역에 따라 차이를 보이는데, 서쪽에 있는 진나라 지역에서는 주문을 사용했지만, 진나라를 제외한 다른 나라에서는 고문을 사용했으며, 동쪽 지역의 대표 문자가 고문(古文), 서쪽 지역의 대표 문자가 주문(籀文)라고 주장했다. 왕국유의 이러한 견해는 전국문자 연구를 활발하게 하였으며, 지금은 더욱 정교해진 연구 덕택에 전국문자를 서쪽 지역의 진(秦)나라, 북쪽 지역의 연(燕)나라, 서남쪽 지역의 초(楚)나라, 동쪽 지역의 제(齊)나라, 중원 지역의 진(晉)나라 계통 문자 등 5개 권역으로 나누게 되었다.

오늘날 발굴된 이들 문자자료를 보면, 남쪽의 초(楚)나라 문자가 가장 특색을 가져 새[鳥]와 같은 장식을 추가한 '조충서(鳥蟲書)'나 올챙이 모양으로 획이 볼록볼록한 '과두문(蝌蚪文)' 등과 같은 다양한 장식체의 한자도 등장하고 있다.

●11_05. '초나라 백서(帛書)'.
호남성 장사 마왕퇴(馬王堆)에서 발견된 것으로, 한나라 초기 때의 것으로 알려졌다. 비단에 썼으며 초기 예서체로 써졌다.

●11_04. 삼공포(三孔布).
구멍이 셋 난 삽 모양의 화폐.

●11_06. 전국시대 새인 모음.
왼쪽부터 '상관흑(上官黑)', '일경도췌거마(日庚都萃車馬)', '물정관새(勿正關璽)'라 새겨졌다.

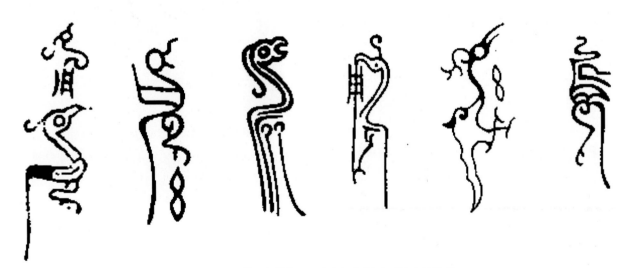

●11_07. '조충문(鳥蟲文)'. 글자마다 새[鳥]의 장식이 들었다.

●11_08. '중산왕 네모 호[方壺]'의 명문(제1면).
1974년 하북성 평산현에서 발견되었으며,
호(壺)의 사면에 총 40행 450자의 글자가
새겨져 있다. 전국시대 때에 존재했던
중산국의 역사를 이해 가능하게 해 줄 뿐
아니라 전국문자의 이해에도 귀중한 자료가
되고 있다. 전국시대 중기 때(기원전 약
4세기)의 것으로 추정되며 현재 하북성
박물관에 소장되어 있다.

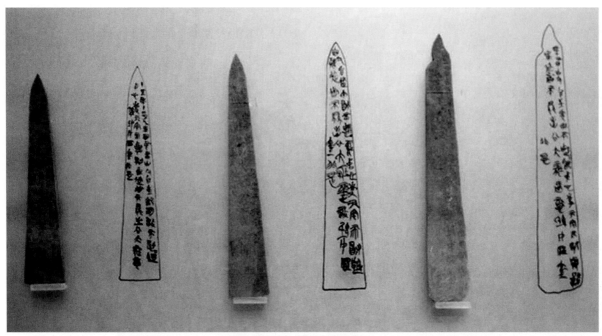

●11_09. '후마맹서(侯馬盟書)'.

　맹서는 전국시대 때 각 제후나 경대부들 사이에서 맺었던 맹약을 기록한 것으로, 달리 '재서(載書)'라고도 한다. 1980년 하남성 심양(沁陽) 일대에서 출토된 「온현맹서(溫縣盟書)」(약 5,000편)와 1965년 산서성 후마의 진(晉)나라 유적지에서 발견된 「후마맹서(侯馬盟書)」(5000여 편)가 대표적이다. 특히 「후마맹서」는 돌이나 옥에다 붓으로 글씨를 썼으며, 대부분 규(圭)와 같은 꼴을 하고 있으며, 상당히 고정된 모습을 하였다. 큰 것은 길이 32cm, 너비 3.8cm, 두께 0.9cm 정도이고, 작은 것은 길이가 18cm, 너비가 2cm, 두께가 단지 0.2cm밖에 되지 않는다. 맹주였던 맹조(孟趙)가 주동이 되어 체결한 맹약이다. 이미 행한 죄스런 행동에 대해 저주와 질책을 함으로써 신의 처벌을 받도록 한 내용을 담고 있다.

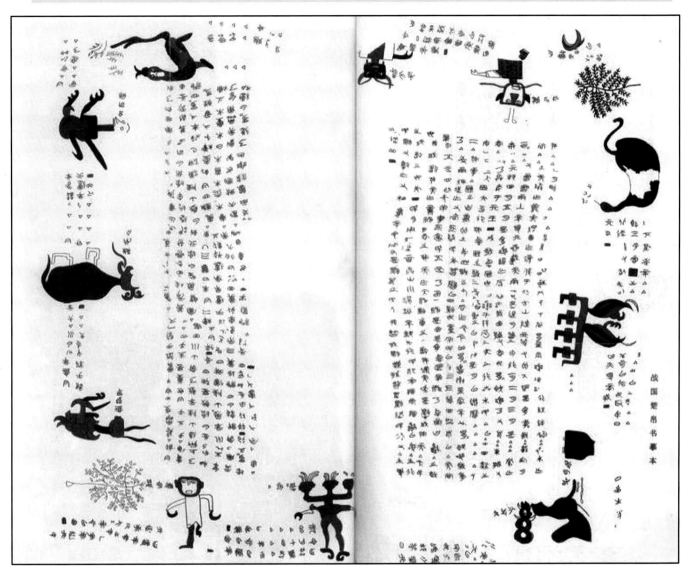

●11_10. '장사 자탄고에서 발견된 초나라 백서'.
전국시대 중기 초나라의 작품으로, 1942년 호남성 장사에서 발견되었다. 현재 미국 뉴욕의 메트로폴리탄 박물관에 소장되어 있다.

●11_11. 전국(戰國)시대 초나라 죽간. 상해 박물관 소장. 대나무를 얇게 가공하여 붓으로 썼으며, 공자(孔子)가 시(詩)의 본질에 대해 논의한 것으로, 문헌에 전하지 않는 공자의 문학 사상을 살필 수 있는 중요한 자료이다.

●11_12. 무한대학 간백연구센터(武漢大學簡帛硏究中心, Research Center of Bamboo and Silk, Wuhan University)(http://www.bsm.org.cn) 무한대학 초(楚)문화와 초(楚)지역 출토문헌연구소를 전신으로 하여, 2003년 초에 설립되었다. 2005년 정식으로 무한대학의 인문사회과학 중점센터로 지정되었다.

주요 연구 방향으로 ①전국(戰國)문자를 중심으로 한 고문자연구, ②간백(簡帛)을 위주로 하는 전국(戰國) 진한(秦漢) 출토문헌 정리와 연구, ③간백문헌(簡帛文獻)을 위주로 하는 선진사(先秦史), 진한사(秦漢史) 연구, ④간백(簡帛)문헌 해독에 대한 신기술의 응용 등을 표방하고 있다. 현재 학술연구와 성과 데이터베이스 및 국제 교류 등에서 간백 분야의 최고 연구소로 인정받고 있다.

●11_13. 호북성박물관(湖北省博物館) 전경과 사이트 정보●

제목	호북성박물관/湖北省博物館/Hubei Museum
사이트	http://www.hbww.org
개요	1953년 개관했으며, 무한(武漢)시 동호(東湖) 풍경구에 지리하고 있다. 총면적 81,909㎡, 건축면적 49,611㎡, 전시면적 13,427㎡에 이르며, 중국에서 가장 큰 고대 악기 전시실을 갖고 있다. 호북성박물관은 국가1급박물관이며, 출토 목칠기보호국가문물국(出土木漆器保護國家文物局)은 중점과학 연구센터로 지정되었고, 국가 AAAAA급 명승지로, 호북성 최고의 최대의 대표 박물관이다. 특히 1965년 강릉(江陵) 망상(望山) 제1호 무덤에서 출토된 월왕구천검(越王勾踐劍)은 「오왕부차모(吳王夫差矛)」와 함께 '와신상담'의 고사를 실증해 주는 중요 유물이다. 또 1978년 호북성 수현(隨縣) 증후(曾侯) 을묘(乙墓)에서 출토된 증후을묘편종(曾侯乙編鍾)은 전국 시대의 편종인데, 걸이대 길이만 7.48m, 높이 2.65m이고, 악기의 무게만 4.5톤, 총 65점으로 구성된 중국 최고의 고대 악기 세트이다.
주소	호북성(湖北省) 무한시(武漢市) 무창구(武昌區) 동호로(東湖路) 156호(號)
입장정보	화요일~일요일 9:00-17:00(15:30전 입장), 무료, 2~3시간 소요.
교통	버스: 14번, 108번, 402번, 411번, 552번 '성박물관(省博物館)' 하차.
특징	1953년 개관, AAAAA급 유적, 중국 국가1급박물관
주요유물	「월왕구천검(越王勾踐劍)」, 「오왕부차모(吳王夫差矛)」, 「증후을묘편종(曾侯乙墓編鍾)」, 「운현인두골화석(鄖縣人頭骨化石)」 등.
분류	문물, 연구 박물관.
참고사이트	http://baike.baidu.com '湖北省博物館

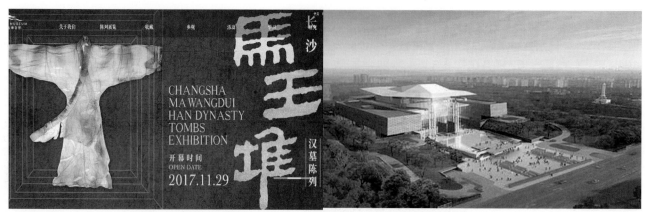

●11_14. '호남성박물관 홈페이지'와 '신축 호남성박물관 조감도'.(2017년 11월 개관)

●11_15. 호남성박물관(湖南省博物館) 사이트 정보●

제목	호남성박물관/湖南省博物館/Hunan Provincial Museum
사이트	http://www.hnmuseum.com
개요	장사시(長沙市) 개복구(開福區)에 있으며, 열사공원(烈士公園) 곁에 자리하고 있다. 총 면적은 5.1만㎡, 건축면적은 2.9만㎡에 이른다. 1951년 건립이 시작되어 1956년 개관했으며, 호남성의 가장 큰 대표적 역사 예술 박물관이다. 제1차 국가1급 박물관으로 지정되었으며, 호남성 AAAA급 여행지에 속한다. 호남성박물관은 18만여 점의 유물을 소장하고 있는데, 특히 마왕퇴(馬王堆) 유물을 비롯해 상주(商周) 시대의 청동기, 각종 초(楚)나라 유물을 비롯한 역대 남방 지역의 유물을 대거 소장하고 있다. 2012년 6월부터 확장 사업을 통해 2017년 11월 29일 재개방하였다.
주소	호남성(湖南省) 장사시(長沙市) 동풍로(東風路) 50호(號)
입장정보	화요일~일요일 9:00-17:00, 무료, 3~4시간 소요.
교통	지하철: 1호선 배원교(培元橋) 역 하차, 112번, 222번 환승 버스: 3번, 113번, 112번, 131번, 136번, 146번, 150번, 302번, 303번, 901번 등.
특징	AAAA급
주요유물	마왕퇴(馬王堆) 한나라 무덤 출토 유물, 상주(商周) 시대 청동기, 서한(西漢) 시대 비단 가운, 「서한 시대 T자형 비단 그림」, 「어룡비단그림[禦龍帛畫]」 등
분류	전문박물관
참고사이트	http://baike.baidu.com '湖南省博物館

12

진나라 계통 문자

12 진나라 계통 문자

기나긴 전쟁과 끊임없는 병합 과정을 통해 기원전 221년, 진시황으로 알려진 영정(嬴政)이라는 불세출의 한 영웅이 통치하던 진(秦)나라가 드디어 중국 전체를 통일하였다. 그리하여 중국대륙에는 전에 볼 수 없던 광대한 영역의 대제국이 건설되었다. 그간의 분열과 독립에 의한 대립을 끝내고 강력한 중앙집권제를 효율적으로 시행하고자 진시황은 사상통일은 물론 도로의 폭과 도량형 및 문자통일을 진행했다.

당시의 승상이었던 이사(李斯, 기원전 약 284~기원전 208)를 시켜 전국적으로 사용할 수 있는 표준 서체를 만들라고 했는데, 그것이 소전(小篆)이다. 이사는 새로 제정한 소전체를 전국적으로 보급하기 위해 표준 교재라 할 『창힐편(倉頡篇)』(지금은 전해지지 않음)을 만들었다. 진시황도 전국을 순행하면서 세운 비석이나 통일한 도량형에도 소전체를 새겨 통일 서체의 보급에 노력하는 한편 정치통일의 정당성을 강조했다.

소전체가 어떻게 만들어졌는지 그 구체적인 과정은 아직 분명하게 밝혀지지 않았다. 그러나 통일 전 진(秦)나라 문자를 중심으로 나머지 여러 나라의 문자를 흡수 통합하여 만든 것으로 추정된다. 그래서 새로 출현한 통일 제국 진(秦)나라 때 문자를 '소전'이라 불렀던 것과 대비하여 이의 기반이 되었던 통일 전 전국(戰國) 시대 진나라의 문자를 '대전(大篆)'이라 부르게 되었다.

●12_01. 진시황(秦始皇).
기원전 259년~기원전 210년. 성이 영(嬴)이고, 씨는 조(趙)이며, 이름은 정(政)으로, 진(秦)나라 장양왕(莊襄王)의 아들이다. 중국 최초로 통일 국가를 이루었으며, 최초로 황제라는 칭호를 사용했다.

1. 대전(大篆)

대전의 실제 모습이 어떠했는지는 현재 전해지는 몇 가지 유물에서 그 흔적을 찾을 수 있다. 대표적인 것이 「석고문(石鼓文)」이다. '북[鼓]처럼 생긴 돌[石]에다 새긴 글[文]'이라고 해서 '석고문'이라 불리게 되었다. 이의 존재는 당(唐)나라 초기에 처음 알려졌는데, 사냥의 즐거움을 읊은 4언 시를 총 10개의 돌에다 새겼으며, 총 718자로 되었다고 한다. 이후 일부가 분실되었고 송나라 때의 탁본에 465자, 명나라 때의 탁본에 462자가 존재한다. 지금은 1개만 남아 북경의 고궁박물원에 소장되어 있다. 「석고문」이 만들어진 시기에 대해서는 진(秦)나라 양공(襄公, 기원전 778년~기원전 766년 재위), 문공(文公, 기원전 765년~기원전 716년 재위), 목공(穆公, 기원전 659년~기원전 621년 재위) 때의 것이라는 등 다양한 해설이 있는데, 대략 기원전 8세기부터 기원전 7세기 사이의 것으로 볼 수 있다.

'튼튼한 수레'

정말 견고하구나, 우리 사냥 수레,
잘 갖추어진 좋은 말.
튼튼하구나, 우리 사냥 수레,
우리 말 튼튼하기 그지없네.
군자들은 들로 나가 사냥 즐기고,
암사슴 수사슴 이리저리 뛰어다니니,
정말 좋은 사냥감이어라.
부드럽게 휘어지는 뿔 장식 달린 활이여,
사냥을 기다리네.
수 짐승 몰아가니,
씽씽 빨리도 달려대는구나.
달려라 달려 온 천지 흙먼지 날리고,

●12_02. '석고문'과 탁본.
("吾車旣工. 吾馬旣同, 吾車旣好.")

우리 곧장 앞으로 활 날려라.

두려움에 옆걸음 치는 암수 사슴,

정신없구나, 달려 보아라.

몰아라 몰아, 수 짐승 몰아대니,

두 두 두 하고 달려오고,

무리에서 벗어난 힘센 놈 하나를 쏘네.

「석고문」 제1석에 새겨진 시이다. 1900년 전의 사냥하는 정경이 눈앞에 펼쳐지는 듯 생생하다.

이외에도 실물은 전하지 않지만, 「저초문(詛楚文)」이라는 것이 있다. 이는 글자 그대로 '초[楚]나라를 저주[詛=咀]하는 글[文]'이라는 뜻이다. 진나라 왕이 무함(巫咸), 대침궐추(大沈厥湫), 호타(滹沱) 신 등에게 남방의 강력한 적국이었던 초(楚)나라를 망하게 해달라고 비는 내용을 각각의 돌에 새겨 놓은 것으로, 북송 때 처음 발견되었다. 안타깝게도 지금은 원래 돌과 탁본까지 모두 없어지고 모사본만 남아 있는데, 약 3백여 자에 이른다.

「저초문」의 제작 시기도 의견이 분분하지만, 대체로 진나라 혜문왕(惠文王, 기원전 356년~기원전 311년 재위) 혹은 그의 아들인 무왕(武王, 기원전 310년~기원전 307년 재위)이 초나라 회왕(懷王, 기원전 328년~기원전 299년)을 저주한 것으로 보거나, 진나라의 소왕(昭王, 기원전 306년~기원전 251년 재위)이 초나라의 경양왕(頃襄王, 기원전 298년~기원전 263년 재위)을 저주한 것으로 보는 학설이 대표적인데, 전자가 더 많이 통용되고 있다.

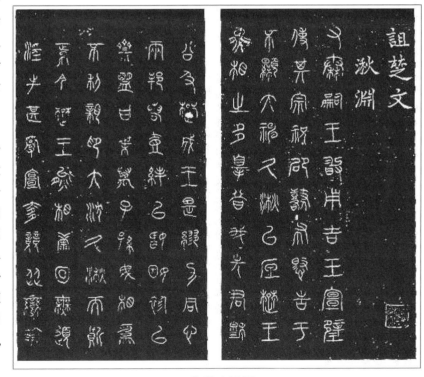

●12_03. '저초문'.

●12_04. '진공궤(秦公簋)'.
춘추 시대 경공(景公) 때의 기물로 알려져 있으며, 높이 19.8㎝, 입 지름 18.5㎝, 발 너비 19.5㎝. 1923년 감숙성 천수(天水)현
서남향(西南鄕)에서 출토되었고, 현재 중국역사박물관에 소장되어 있다. 뚜껑에 54자, 몸체에 51자의 명문이 새겨졌는데, 진나라가 세워진 후
12대 왕인 경공 때까지의 공적을 기록했다. 서체는 「석고문(石鼓文)」과 유사하여 대전체의 중요한 자료이다. 뚜껑과 몸통에 진한(秦漢) 때
각각 8자의 글씨를 새겨두었는데, 당시에 이미 관청에서 소장했음을 알 수 있다.

이외에도 청동기에 새겨진 실물 자료가 전한다. 「진공궤(秦公簋)」가 그것이다. 「진공궤」는 춘추시기의 청동기로 1923년 감숙성 천수(天水)에서 출토되었는데, 진(秦)나라 경공(景公, 기원전 576~기원전 537년 재위) 때의 것으로 알려졌으며, 현재 중국역사박물관에 소장되어 있다.

	대전(大篆)	소전(小篆)
오(吾)		
원(員)		

●12_06. 대전과 소전의 차이.
오창석(吳昌碩)의 대전 「석고문」, 소전 『설문해자』 집자.

●12_05. '진공궤 기념 우표'

●12_07. '진시황 병마용갱(秦始皇兵馬俑坑)'. 진시황제릉 박물원(秦始皇帝陵博物院, www.bmy.com.cn).

●12_08. 진시황릉 박물원(秦始皇帝陵博物院) 사이트 정보●

제목	진시황제릉 박물원/秦始皇帝陵博物院/Emperor Qinshihuangs Mausoleum Site Park
사이트	www.bmy.com.cn
개요	진시황제릉박물원은 진시황 병마용(兵馬俑) 박물관을 기본으로 하여 진시황제릉 유적지 공원(여산원 麗山園)을 아우른 대형 유적지형 박물관이다. 1974년 3월 발견된 진병마용갱(秦兵馬俑坑)은 '세계 8대 기적', '20세기 위대한 고고 발견'의 하나로 평가되었으며, 1987년 유네스코 세계문화유적으로 지정되었다. 2007년 제1차 국가AAAAA급 명승지로 지정되었으며, 진시황병마용박물관(秦始皇兵馬俑博物)과 여산원(麗山園)이 포함되었다. 2,200m 떨어진 두 권역은 무료 전용 전기차를 통해 오 갈 수 있다. 2008년 진시황병마용박물관은 제1차 국가1급박물관으로 지정되었다.
주소	섬서성(陝西省) 서안시(西安市) 임동구(臨潼區), (029)81399127
입장정보	성수기(3월 16일~11월 15일) 08:30~18:35(17:00 이후 입장 불가) 150위안. 비수기(11월 16일~3월 15일) 08:30~18:05(16:30 이후 입장 불가) 120위안. 2~3시간 소요
교통	버스: 서안 기차역(西安火車站) 동쪽 광장에서 유(遊) 5호 전용 노선(306번), 915번, 914번 이용.
특징	2009년 2월 11일 준공, 개방
주요유물	병마용(兵馬俑) 1호갱, 2호갱, 3호갱, 청동마차(銅車馬), 진백희용(秦百戲俑), 청동 무기(青銅兵器) 등
분류	유적지, 유물 박물관
참고사이트	http://baike.baidu.com

2. 소전(小篆)

(1) 「태산(泰山)각석(刻石)」

진시황이 전국을 통일한 후 재위 3년째 되던 해인 기원전 219년, 그는 문무대신을 이끌고 동쪽 여행을 시작하였다. 자신의 제국이 얼마나 큰지를 눈으로 확인하고 동쪽을 상징하는 산인 태산(泰山)에 올라 하늘에게 자신의 제국의 성립을 알리려는 것이었다. 태산은 동서남북과 중앙을 대표하는 오악(五嶽) 중에서도 가장 신령스런 산으로 알려졌기 때문이었다.

진시황 일행은 먼저 역산(嶧山, 지금의 산동성 鄒城市)에 이르러 통일의 공덕을 영원히 남기고자 돌에다 새겼다. 그리고 문무대신과 유생 및 박사 70명을 대동하여 태산(泰山)에 올라 하늘과 땅의 신에게 제사지내는 봉선(封禪)의식을 거행하였다. 그리고 태산에 비석을 세워 이를 기록했다. 이것이 「역산각석」과 「태산각석」이다. 모두 문자통일을 주도했고 표준 서체인 소전(小篆)의 대가였던 이사(李斯)가 직접 쓴 글씨로, 지금도 일부가 남아 있다. 이 두 곳 외에도 낭아대(琅玡台), 갈석(碣石), 회계(會稽), 지부(芝罘), 동관(東觀) 등 모두 7곳에다 비석을 세웠다고 한다.

●12_09. '태산각석'(부분).

이 일이 있고서 이후의 많은 임금들도 황제에 등극하면 태산에 올라 제사를 드리고 돌에다 글을 새기는 것을 하나의 전통으로 삼았다. 「태산각석」은 태산에 만들어진 수많은 비석 중 최초의 작품이 되었다. 진나라가 망하자 그의 황궁과 무덤이 성난 군중에 의해 파괴되었던 것처럼 비석도 파괴되고 말았다. 그러다가 명나라 때 조각이 발견되었는데 29자가 남아 있었다. 그러나 이마저도 청나라 건륭(乾隆) 5년(1740) 때의 화재로 다시 소실되었다가, 가경(嘉慶) 20년(1815) 태산 정상의 옥녀지(玉女池)에서 10자가 남은 조각이 발견되어 지금에 이르고 있다. 이것이 소전의 가장 대표적인 실물 자료이며, 이사의 실제 작품이라 더욱 가치를 인정받고 있다.

(2) 조판(詔版)

문자통일과 함께 진시황이 공을 들였던 것은 도량형의 통일이었다. 즉 도로의 폭이나 길이, 무게, 부피 등을 재는 표준의 통일 작업이라 하겠다. 이는 그간 나라마다 달랐던 표준을 통일하여 제국을 효율적으로 통치하기 위한 의미 있는 작업이었다.

●12_10. '진시황조석권(秦始皇詔石權)'. 돌로 만든 저울추에 새긴 진시황 조서(詔書).

기원전 221년, 천하를 통일하자 스스로 '황제'라 불렀는데, 이 때문에 그를 '진시황'이라 부른다. 진시황은 그 해, 도량형 통일을 반포하고 이의 의의를 무게를 재는 저울추나 부피를 재는 용기 등에다 새겼는데, 이를 도량형에 관한 조서(詔書) 혹은 조판(詔版)이라고 한다. 진시황 2세 때에도 이러한 조치들이 계속되었다.

(3) 죽간

진나라는 법가 사상으로 천하를 통일하고 제국을 운영했던 나라이다. 그래서 당시의 법은 중국의 법률사를 연구하는데 매우 중요한다. 그러나 진나라가 망하자 거의 모든 것이 불타고 파괴되는 바람에 자세한 사정을 알 수 없었다.

그런데 1975년 호북성 운몽(雲夢)현의 수호지(睡虎地)에서 총 1,155여 쪽[枚]에 이르는 진나라 때 죽

●12_11. '진시황(秦始皇) 2세 조서(詔書)'. 저울추에 새겨진 기원전 221년 진시황이 시행한 도량형 통일의 정당성을 알리는 내용이다. 진시황 2세 때의 것이며, 당시의 표준 전서체로 썼다.

간이 발견되었다. 또 1989년에는 호북성 운몽현의 용강(龍崗)에서 150쪽에 이르는 죽간이 발견되는 등 여러 곳에서 진나라 때의 죽간이 발견되었다.

특히 「수호지 죽간」은 정리 결과 10가지의 내용으로 되었음이 밝혀졌다. 즉 진나라의 소왕(昭王) 원년(기원전 306년)부터 진시황 30년(기원전 217년)까지의 중요한 사건들을 기록한 '편년기(編年記)', 진시황 20년(기원전 227년) 남군(南郡)의 군수였던 등(騰)이라는 사람이 올린 보고서인 '어서(語書)', 진나라의 주요 법률 18가지를 기록한 '진률 18종(秦律十八種)', 관청의 재산 심사에 관해 전반적인 제도를 규정한 '효율(效律)', 군관의 임면과 군사훈련, 전장에서의 규율, 전쟁 후의 포상 등에 관한 법률 규정으로 추정되는 '진률잡초(秦律雜抄)', 법률의 의문점에 대한 문답식 풀이인 '법률답문(法律答問)', 옥을 다스리는 문서의 양식인 '봉진식(封珍式)', 관리되기를 원하는 사람들을 가르치던 교과서였던 '위리지도(爲吏之道)', 음양오행사상과 관련된 '일서(日書)' 갑종(甲種)과 을종(乙種) 등이 그것이다.

이를 통해 진나라 법률의 구체적 실상 뿐 아니라 그간 공백으로 남아 있던 중국 법률사를 채워 줄 수 있었다.

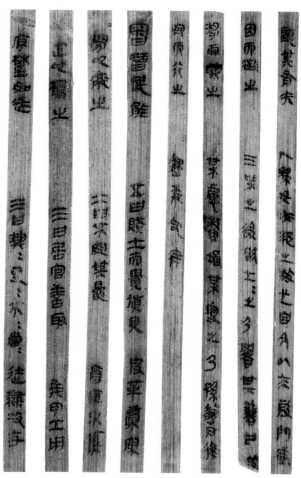

●12_12. '수호지 출토 진나라 죽간'(「법률답문」의 일부).
「법률답문」(210쪽)은 법률의 의문점에 대한 풀이로, 문답의 형식을 통해 진나라 법률의 중심축이 된 형법의 몇몇 조문과 술어, 입법 취지 등에 관해 해석하고 있다.
진나라 소전(小篆)의 모습이 주를 이루고 있으나 초보적인 예서의 필법이 나타나고 있는 것으로 보아 소전으로부터 예서로 변해가는 초기 단계의 모습을 볼 수 있다. 이미 세로로 긴 모습을 한 소전체가 여기서는 가로로 바뀌고 있으며, 붓의 끝을 들어 올리는 예서의 특징도 보이고 있다.

13

허신과 설문해자

13 허신과 설문해자

　영원할 것 같았던 강력한 제국 진(秦)나라는 뜻밖에도 불과 14년 만에 망하고 말았다. 강력한 절대 권력에 의지하던 제국의 꿈은 이렇게 허망했던 것이다. 그러자 강력한 억압이 지배했던 것만큼이나 급속하게 진나라의 잔재는 그 흔적조차 철저히 없어지고 말았다. 진(秦)을 이어 세워진 한(漢)나라가 진(秦)의 멸망을 반면교사로 삼았던 것은 당연한 이치였다.

　한나라 초기, 진(秦)나라 때의 강압 정치로 피폐했던 민생의 삶을 회복시키고자 도가 사상을 이용하여 일정의 휴식기간을 가졌다. 그 후 한나라 무제 때 유가 사상을 통치 사상으로 채택하면서 태학(太學)을 설치하고 박사(博士)를 두어 분서갱유(焚書坑儒)로 없어졌던 『시』·『서』·『예』·『악』·『역』·『춘추』 등과 같은 유가 경전을 복원하였다. 또 진시황이 제정했던 '책의 소지를 금하는 법률[挾書律]'도 폐지하였으며, 전국에 영을 내려 혹 보존하고 있을지도 모르는 책을 모으는 작업을 시작했다.

●13_01. '허신 동상과 묘'.
'허신문화원' 내에 세워진 허신 동상. 뒤로 보이는 것이 허신의 묘이다.

결과, 대부분의 유가 경전이 복원되었고, 이를 당시의 서체였던 예서(隸書)로 기록해 보급했다. 그런데 경제(景帝) 3년(기원전 154년) 곡부(曲阜)의 왕으로 봉해진 공왕(恭王)이 궁궐 확장 과정에서 공자의 댁을 허무는 과정에서 벽속에 숨겨졌던 『상서』, 『예기』, 『논어』, 『효경』 등이 발견되었다. 이들을 '공자 가택에서 발견된 책'이라고 해서 **공자벽중서(孔子壁中書)**'라고 부른다. 이 책들은 한나라 당시 사용하던 예서체가 아니라 진시황 이전의 옛날 서체로 써져 있었다.

문제는 이 책이 당시 박사들에 의해 복원되었던 예서로 된 경전과 차이를 보였다는 데 있었다. 그래서 경전 내용에 대한 논쟁이 벌어지게 되었고, 급기야 진위문제로까지 확대되었다. 당시 박사들에 의해 복원되어 쓰이고 있던 경전이 진짜라 믿는 사람들을 '금문학파', 새로 발견된 경전을 믿는 사람들을 '고문학파'라 불렀다. 왜냐하면 전자는 '당시의 글자[今文]'로 써졌기 때문이고, 후자는 옛날의 '고대 문자[古文]'로 써졌기 때문이었다.

●13_02. '노벽(魯壁)'.
공자가 살던 집인 공부(公府)에 있던 벽으로, 여기서 진시황의 분서갱유를 피해 숨겨 놓았던 경전이 대량으로 나왔다. 이를 계기로 금문학파와 고문학파의 논쟁이 격렬해졌으며 한나라 학문의 발전을 이끌었다.

당시 학문 권력을 장악했던 쪽은 '금문학파'였지만, 점차 공자 댁에서 발견된 경전을 믿게 되는 사람, 즉 '고문학파'가 늘어나게 되었다. 그러자 위기를 느낀 금문 학파들은 공자의 댁에서 출토된 책들을 위조된 '가짜'라고 주장했다.

고문학파들은 그것이 가짜가 아니라는 것을 증명해야만 했다. 그 경전들에 쓰인 글자가 옛날부터 내려오던 '진짜'임을 증명해야 했던 것이다. 그리하여 고문 학자들을 중심으로 당시 전해지던 일부 소전 자료를 비롯한 새로 출토된 고문자 자료들을 종합하여 한자의 구조와 개별 한자의 어원을 연구하기 시작했다. 이러한 연구의 집대성 작이 바로 허신(許愼, 58?~148)의 『설문해자(說文解字)』이다.

중국 최초이자 지금까지도 가장 권위 있는 한자 해설서인 『설문해자』는 당시 존재했던 모든 한자라고 생각되는 9,353자에 대해서, 확인 가능한 가장 오래된 한자 자형과 그것의 구조 및 의미(원래 의미와 파생의미와 가차의미 등)와 독음을 일일이 밝혀 놓은 사전이다. 집필에 무려 30년이 걸렸다.

『설문해자』는 한자학에서도 매우 중요한 공헌을 했다. 첫째, 자형에 근거한 한자 어원 해석의 모델을 마련해 '한자 연구'의 길을 열었다. 둘째, '육서'로 대표되는 한자 구조에 대한 이론을 확립했다. 셋째, '부수'로 대표되는 한자 분류법을 창안했다. 넷째, 당시의 독음을 간직하고 고대 한자음을 재구하는데 큰 도움을 주었다. 다섯째, 책 속에 제시한 다양한 이체(異體) 자료는 고대한자를 이해하는데 큰 도움을 준다. 이 때문에 허신은 '한자학의 비조'로, '글자의 성인[字聖]'으로, '문화의 으뜸가는 스승[文化宗師]' 등으로 불린다.

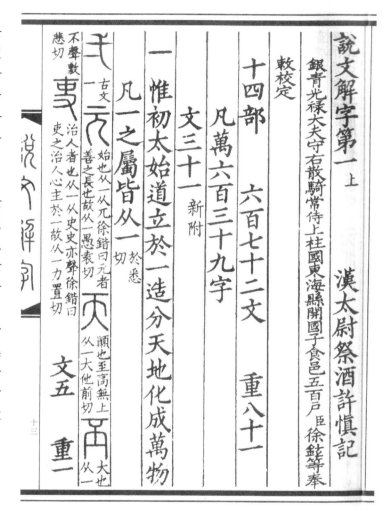

●13_03. 『설문해자』.
한나라 허신이 서기 100년에 완성한 중국 최초의, 최고의 한자 어원사전이다. 9,353자에 대해 자형, 구조, 원래 의미, 독음 등을 밝혔다. 그 과정에서 육서설과 부수 등의 개념을 만들어 한자학 이론 발전에도 지대한 공헌을 했다.

이후 『설문해자』는 한자 연구의 바이블로 남아 지속적으로 연구되었는데, 청나라 때의 단옥재(段玉裁, 1735~1815)가 쓴 『설문해자주(說文解字注)』가 가장 대표적이다. 단옥재는 1780년에 이 책을 쓰기 시작하여 1808년에 완성하여 1815년에 출간했는데, 이 해설서도 무려 30년의 시간을 들여 『설문해자』의 오류를 바로 잡고 해설을 달아 논증한 대작 중의 대작이다.

청나라 때는 고증학의 유행으로 『설문해자』 연구가 성행했는데, 단옥재와 계복(桂馥), 왕균(王筠), 주준성(朱駿聲) 등 '설문 4대가'를 비롯해 큰 학자들이 셀 수도 없이 많이 나왔는데, 그 중에서도 단옥재가 최고를 차지하고 있다.

●13_04. '허신 문화원'.
2010년 10월 27일 허신 묘역 구역을 성역화 하여 '허신문화원(許愼文化園, www.xswhy.com)'으로 개발하고 개관식을 거행했다.

●13_05. '허신 사당'.
허신의 고향인 하남성 탑하(漯河)에 있다. '허남각사(許南閣祠)'라는 편액이 붙어 있는데, 남각(南閣)은 허신의 호이다. 지금 이 사당은 '허신기념관'으로도 불린다.

●13_06. '단옥재(段玉裁) 동상'

단옥재는 청나라 때의 대표적인 『설문해자』 연구자로, '설문 4대가'라 불리는 계복(桂馥)의 『설문해자의증(說文解字義證)』, 왕균(王筠)의 『설문구두(說文句讀)』와 『설문석례(說文釋例)』, 주준성(朱駿聲)의 『설문통훈정성(說文通訓定聲)』 중에서도 그의 『설문해자주』가 으뜸으로 평가받고 있다. 이 동상은 강소성 상주(常州)시 금단(金壇)에 있는 단옥재 기념관에 있으며, 기념관은 1985년 10월 25일 단옥재 탄생 250주년을 기념해 세워졌다.

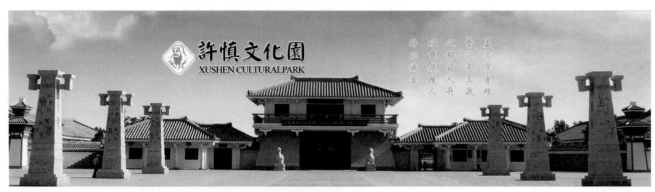

●13_07. '허신문화원(許慎文化園)' 홈페이지와 사이트 정보●

제목	허신문화원/許慎文化園/Xu Shen Cultural Park
사이트	www.xswhy.com
개요	허신문화원은 국가중점문물보호단위인 허신묘(許慎墓)를 핵심으로 하여 2008년 9월 시공하였으며, 32,000㎡의 광장 지구에는 육서(六書) 돌기둥, 문자 대문(文字大門), 한림각(翰林閣), 경관관리센터, 허신(許慎)문화연구센터, 안내센터, 기념품 상점 등이 있고, 33,000㎡의 중심전시구역에는 한자대도(漢字大道), 자성전(字聖殿), 숙중당(叔重堂), 설문관(說文館), 문화회랑(文化長廊), 괴성정(魁星亭), 자형패방(字形牌坊) 등이 있으며, 43,000㎡의 묘역 보호구역에는 허신묘를 비롯해 부수방진(部首方陣), 자형해의(字形解義), 자원석(字源石), 섬규산(蟾桂山) 등으로 구성되어 있다. 2006년 5월 문화원 내에 자리한 허신묘(許慎墓)가 한나라 고대 묘장(墓葬)으로 인정받아 제6차 국가중점문물보호단위로 지정되었으며, 2014년 4월 국가AAAA급 명승지로 지정받았다.
주소	하남성(河南省) 탑하시(漯河市) 소릉구(召陵區)
입장정보	하절기 8:30~18:00, 춘추동절기 9:00~17:00. 입장료: 40위안/인, 학생할인표 20위안/인, 4시간 소요, 가이드투어 50위안/팀. 문의: +86-395-6770677
교통	버스: 7번, 69번, 101번 허신문화원(許慎文化園) 하차
특징	체험 테마 공간도 겸함
주요유물	허신묘(許慎墓), 자성전(字聖殿), 숙중당(叔重堂), 설문관(說文館), 한림각(翰林閣), 육서광장(六書廣場)
분류	유적, 문물, 테마 박물관
참고사이트	http://baike.baidu.com

14

한나라의 예서

14 한나라의 예서

진시황은 강력한 제국을 중앙집권으로 체계적이고 효율적으로 통치하고자 소전(小篆)으로 문자를 통일했다. 그러나 불과 15년도 채 되지 않아 제국은 멸망하고 한나라가 세워졌다. 한나라는 진나라와는 달리 지식의 통제 정책을 버리고 오히려 인문 숭상을 지향하여 유가 경전을 복원하고 태학과 박사제도를 강화하는 등 학문을 대대적으로 주창했다.

그런 과정에서 문자의 사용은 급격히 늘어나게 되었다. 문자 사용자의 큰 증가는 필사의 편리와 경제성을 담보하기 위해 자형의 간략화, 필사 속도의 증가, 서사 도구와 재료의 발전 등이 뒤따르기 마련이다.

진나라 때의 표준 서체인 소전이 사용된 지 얼마 되지 않았음에도 필사 속도를 높인 새로운 서체인 '예서(隷書)'가 대대적으로 유행하고 표준 서체로 자리 잡았던 것은 이러한 배경 때문이다. 소전에서 예서로 가는 시기는 매우 짧았지만 이는 한자의 역사에서 가장 격렬한 변화가 일어난 시기로 기록한다. 그래서 이 시기의 변화를 특별히 **'예변(隷變)'**이라 부른다. 소전으로부터 '예서로의 변화'라는 뜻이다. 이때부터 오늘날 한자의 거의 모든 모습이 갖추어지고 자리를 잡게 된다. 그래서 예서가 완전히 자리 잡았다고 평가되는 한나라 무제(武帝) 시기를 전후로, 그 이전을 '고대한자의 시대', 이후를 '현대한자의 시대'로 구분한다.

●14_01. 예서체로 쓴 '예서'

한나라 때 사용했던 표준 서체를 예서(隷書)라고 부르는데, 이름이 재미있다. 다름이 아니라 서체 이름에 '노예'라는 뜻의 예(隷)가 들었다. 이는 어떻게 붙여진 이름일까? 이의 유래에 대해서는 진(秦)나라 말 옥을 관리하던 관리들인 도예(徒隷)들이 쓰던 문자라서 붙여진 이름이라는 설이 있다. 당시 강력한 법의 시행으로 죄수가 많이 늘어나자 표준 서체였던 소전(小篆)체로는 죄수의 목록 등을 기록할 속도를 감당하기 어려워 필사속도를 높인 서체가 나오게 되었고, 그 서체를 주로 사용하던 도예(徒隷)들의 문자라는 것이다.

또 다른 설은 당시의 표준체였던 소전(小篆)체를 보조하여[佐] 쓰이던 부수적 서체라고도 한다. 예(隷)에 '예속되다'는 뜻도 있지만, 어떤 것에 예속된 부차적인 존재라는 뜻을 갖기 때문이다. 둘 다 가능한 이야기이다. 그러나 한나라 때 예서를 좌서(左書)라 불렀던 것으로 보아 후자의 가능성이 더 높다.

여하튼 예서는 진나라 당시 정식 문자가 아닌 보조적 문자로 한정하여 사용되었거나, 하급 관리라 할 수 있는 옥관[徒隷]들에 주로 쓰였던 문자라는 뜻에서 유래한 이름임은 분명하다. 그렇다면, 문자 사용자의 계층이 반영된 이름임을 알 수 있다.

이후 예서는 빠른 속도로 진화하여 한나라 무제 이후 소전체의 지위를 대신하여 당시의 표준체로 자리 잡게 된다. 표준체로서의 예서를 이전의 초기 단계 예서인 '진예(秦隷)'와 구분하여 '한예(漢隷)'라고 부른다. '진예'가 진나라 말 막 발생한 초기 단계의 미성숙한 예서라면 '한예'는 한나라의 예서로 성숙한 완성 단계의 예서라 할 수 있다.

● 14_02. 예서체로 쓴 '팔분'.

한나라 때의 성숙한 예서를 달리 '팔분(八分)'이라 부르기도 하는데, '팔분'은 '십 분의 팔, 즉 80퍼센트'라는 뜻이다. 완성 단계의 예서를 보면 세로가 길고 가로가 짧은 다른 서체들과는 달리 가로가 긴 모습을 특징으로 하고 있다. '팔분'은 바로 가로 세로의 비율이 10대 8로 되었다는 예서의 이러한 특징을 반영한 이름이라고도 한다. 그런가 하면 예서가 소전체에서 변해 오면서 '소전체의 80퍼센트[八分]를 계승한' 글자체라고도 풀이한다. 서예사에서 예서를 달리 일컫는 이름인 '분서(分書)'나 '분예(分隸)'는 모두 이 '팔분'에서 파생된 명칭이다.

모든 사물이 그러하듯, 한자도 언제나 변하기 마련이고, 변화가 극에 달하면 다시 새로운 모습으로 바뀌게 되는 법이다. 극도로 정교하게 완성된 예서라도 다시 더 새로운 모습의 새로운 서체로 변화하지 않을 수 없었다. 그렇게 해서 한나라 말이 되면 '신예(新隸)'가 나온다. '신예'는 '새로운 예서'라는 뜻인데, 이는 이후에 말하는 해서(楷書)의 초기 모습이었다.

●14_03. 「조전비(曹全碑)」(탁본).

●14_04. 「을영비(乙瑛碑)」(탁본).
「공화비(孔龢碑)」로도 잘 알려져 있으며, 153년(동한 영흥 원년)에
만들어졌다. 현재 곡부의 공자묘에 있으며 총 18행 720자이다. 전형적인
'한나라 예서'로 되어 있다.

●14_05. 「광개토대왕비」(탁본).
전형적인 초기 예서체로 되어 있다. 고구려 제20대
장수왕(長壽王)이 그의 아버지 광개토대왕을 위해
세운 비석으로, 중국 집안(集安)시 통구(洞溝)에
있다. 중국에서는 호태왕비(好太王碑)라 부르기도
한다. 청나라 말 때 발견되었으며, 네모기둥
모양으로 되었는데, 높이 6.39m, 아래 부분의 너비
1.34~1.97m, 윗부분의 너비 1~1.6m이다. 총 44행
1,775자가 새겨졌다. 1961년 제1차 중국
국가중점문물로 지정되었다.

第七篇 軍爭 先知迂直之道者勝，此軍爭之法也。

第六篇 實虛 故善戰者致人而不致于人。

第五篇 勢 凡戰者以正合，以奇勝。

第四篇 形 故勝兵先勝而后求戰，敗兵先戰而后求勝。

第三篇 謀攻 故百戰百勝非善之善者也，不戰而屈人之兵，善之善者也。

第二篇 作戰 兵貴勝，不貴久。

第一篇 計 兵者國之大事也，死生之地，存亡之道，不可不察也。

●14_06. 『손자병법』
죽간.
1972년 산동성
임기(臨沂)
은작산(銀雀山) 제1호
무덤(서한 시기)에서
발굴된 총 7,500여 점에
이르는 죽간의
일부이다. 『손자병법』
제13편의 시작
부분이다.
『은작산 한묘 죽간
박물관』, 26쪽)

●14_07. '임기(臨沂)
은작산(銀雀山) 한나라
죽간 박물관'
(qq.mafengwo.cn)

●14_08. 은작산 한나라 죽간 박물관(銀雀山漢墓竹簡博物館) 사이트 정보●

제목	은작산(銀雀山) 한나라 죽간 박물관/銀雀山漢墓竹簡博物館/Yinque Bamboo Slips Museum
개요	산동성 임기시(臨沂市) 난동구(蘭山區) 은작산(銀雀山) 서남 기슭에 자리하고 있으며, 중국 최초의 한묘(漢墓) 죽간(竹簡) 박물관이다. 1981년에 시작하여 1989년에 완공하여 대외에 개방되었다. 현재 전국 중점문물보호단위이며, 중국 최초의 한나라 죽간(竹簡) 박물관이기도 하다. 전체 면적이 약 1만㎡, 건축면적이 2,400㎡에 이르며, 은작산(銀雀山) 제1호 묘와 제2호 묘에서 출토된 7,500여 매(枚)를 소장하고 있는데, 선진(先秦) 때의 병서(兵書)가 주를 이루고 있다. 특히 『손자병법(孫子兵法)』과 1,700여 년 전에 실전되었던 『손빈병법(孫臏兵法)』이 같은 무덤에서 발견되어 세상을 놀라게 했고, 중국 20세기 100대 고고학 발견으로 선정되었다. 은작산(銀雀山)과 금작산(金雀山) 아래 땅속에는 대규모의 한나라 무덤 군이 존재하는데, 서주 때의 무덤이 주를 이루며, 전국(戰國)에서부터 당(唐), 송(宋), 원(元), 명(明), 청(淸)에 이르는 다양한 시기의 무덤도 함께 있다. 1964년 처음 발견되었으며, 1972년부터 1986년까지 100여기의 고분이 발견되었는데, 대부분 서한 초기의 무덤들이었다.
주소	산동성 임기시(臨沂市) 난산구(蘭山區) 기몽로(沂蒙路) 219호(號)
입장정보	연중무휴, 30위안/인
교통	버스: 9번 시위원회 남문(市委南大門) 정류소 하차, 도보 도착.
특징	국가AAA급 명승지, 국가중점문물보호단위.
주요유물	죽간(竹簡) 4,942매
참고사이트	http://baike.baidu.com '銀雀山漢墓竹簡博物館

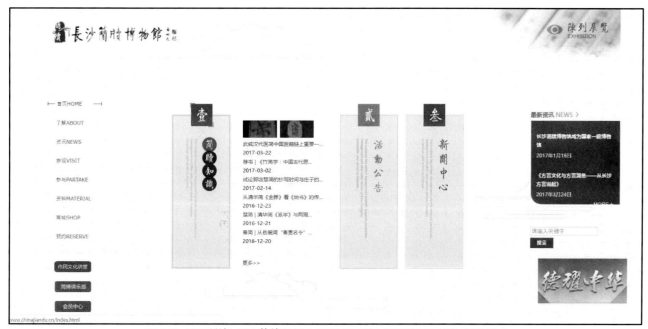

●14_09. 장사(長沙) 간독(簡牘)박물관 홈페이지 메인 화면(2017년 03월 27일 검색)

●14_10. 장사(長沙) 간독(簡牘)박물관 전경과 입구(홈페이지)

●14_11. 장사(長沙) 간독(簡牘)박물관 사이트 정보●

제목	장사(長沙) 간독(簡牘)박물관/長沙簡牘博物館/Changsha Bamboo Slips Museum
사이트	http://www.chinajiandu.cn/
개요	2002년 설립되었으며, 간독(簡牘)의 수장, 보호, 정리, 진열전시를 일체화한 중국내 유일 박물관이다. 전체 면적이 30무(畝), 주 건축물이 14,100㎡, 녹화광장이 8,000여㎡, 실내 전시관이 상하층으로 된 5,000㎡이다. 주요 소장품은 1996년 장사(長沙) 주마루(走馬樓) J22호 우물[井]에서 출토된 14만여 매(枚)의 삼국(三國) 손오(孫吳) 시기의 기년 간독(紀年簡牘), 1997년 5·1광장에서 발견된 수백 매의 동한 초기 간독, 2003년 주마루(走馬樓) J8 우물(井)에서 발견된 2만여 매의 서한 초기 기년 간독(紀年簡牘)을 비롯해 1993년 발굴된 서한 장사왕후(長沙王后)의 '어양(漁陽)'묘(墓)의 간독, 청동기, 칠기, 서화, 옥석, 금은 등의 문물 3,500점을 소장하고 있다. 2009년 국가 2급 박물관으로 지정되었으며, 2017년에 국가 1급 박물관으로 승격되었다. 2007년 11월 정식으로 개방한 이후, 2008년 10월부터는 무료 개방으로 전환하였으며, 매년 평균 70여만 명이 찾으며, 그중 성인이 약 30%, 해외 탐방객이 10%를 차지하고 있다.
주소	(410002) 호남성(湖南省) 장사시(長沙市) 천심구(天心區) 백사로(白沙路) 92호(號)
입장정보	수요일~월요일 9:00-17:00(16:30 이전 입장), 화요일 휴관, 음력 12월 30일, 1월 1일, 1월 2일 휴관
교통	버스: 관광(旅) 2번, 일반 122번, 202번, 314번, 406번, 803번 성남로 입구(城南路口) 하차. 124번, 901번 천심각 서문(天心閣西門) 하차.
특징	중국내 유일 간독 전문 박물관
주요유물	「가화리민전가별(嘉禾吏民田家莂)」(길이 47.5~49.8㎝, 너비 2.6~3.5, 두께 0.5~0.7㎝, 1996년 장사(長沙) 주마루(走馬樓) 제22호 우물 발견) 「폐하증물'목갈(陛下贈物'木楬)」(길이 17㎝, 너비 5㎝, 두께 0.3㎝, 1993년 장사 망성파(望城坡) 고분완(古墳垸) 제1호 한묘(漢墓) 출토, 서한 황제가 장사국 왕후(長沙國王后)에게 내린 옷 관련 부장품 목록)
분류	종합 유물 박물관
참고사이트	http://baike.baidu.com '長沙簡牘博物館'

15

행서와 초서

15 행서와 초서

'낙양지귀(洛陽紙貴)', 즉 "낙양의 종이 값이 올라가다"라는 말이 있다. '어떤 책이 매우 잘 팔림'을 비유적으로 이르는 말이다. 이는 서진(西晉, 266~316) 때 유명한 문장가 좌사(左思, 약 250~305)가 쓴 「삼도부(三都賦)」가 너무나 인기가 있어 사람들이 앞 다투어 베끼는 바람에 당시 수도였던 낙양의 종이 값이 폭등했다는 데서 유래한 말이다. 「삼도부」는 당시 위(魏), 촉한(蜀漢), 오(吳)의 세 나라 도읍(都邑)의 번화한 모습을 그린 작품이다.

●15_01. '난정(蘭亭)'.
절강성 소흥시(紹興市) 서남쪽 난정진(蘭亭鎭)의 난저산(蘭渚山) 아래에 있다. 동진(東晉) 때의 저명한 서예가 왕희지(王羲之)의 정원이 있던 곳이다. 「난정서」의 표현대로 "높은 산 높은 재에, 숲은 무성하고 대나무는 죽죽 뻗었네. 맑은 물은 격한 듯 흘러내려 난정의 좌우로 비추네.(崇山峻嶺, 茂林修竹, 又有淸流激湍, 映帶左右.)"라고 노래한 아름다운 곳이다. 춘추(春秋) 시대 때 월나라 왕 구천(勾踐)이 여기에다 난초를 심었고, 한나라 때에는 역정(驛亭)이 설치되어 난정(蘭亭)이라 부르게 되었다고 한다. 명나라 가정(嘉靖) 27년(1548) 개수를 거쳤다가 1980년 복원되었다.

한나라를 이은 위진 시대, 그 때가 되면 중국에서는 종이 사용이 이처럼 보편화되었다. 개인의 문학 작품 활동도 상당히 발달하여, '낙양의 종이 값이 하루아침에 폭등할 정도'로 한자를 쓰고 읽는 인구도 급격히 늘어났다. 이에 걸맞게 대량 생산과 기술 혁명을 통해 질 좋은 종이도 저렴한 가격에 보급되었다. 그러다 보니 한자도 이전의 단순한 경전의 필사에서 각종 문학 작품의 필사로, 심지어는 예술 행위의 한 부분으로 발전하게 된다. 이러한 배경에서 한자를 더욱 편리하게, 다양하게 쓰는 방법도 함께 강구되었다. 이때를 즈음하여 전문 서예가들이 등장하는 것도 이 때문이다.

문인과 예술가들의 다양한 시도로 한자의 서체도 새로운 변화를 거치게 되고 다양한 서체가 등장하게 된다. 종요(鍾繇, 151~230)나 왕희지(王羲之, 303~361) 등이 대표적인데, 특히 왕희지는 '서예의 성인[書聖]'으로 추앙받으며 행서와 초서와 해서를 개발 발전시키는데 커다란 공을 세웠다.

●15_02. '행서' 집자.
위는 조맹부(趙孟頫),
아래는 왕헌지(王獻之)
서체.

행서(行書)는 이름 그대로 '걸어가듯[行] 쓴 글씨[書]'를 말하여 흘림체의 일종인데, 많이 흘려 쓴 초서(草書)와 정자체인 해서(楷書)의 중간 쯤 된다. 해서보다는 많이 흘려 써 속도를 높였고, 초서보다는 정확하게 써 변별력을 강화했다는 장점 때문에, 일상적인 서사 행위에서 자주 쓰이는 서체이다. 왕희지의 「난정집서(蘭亭集序)」는 행서의 대표작이라 할 만한다.

●15_03. 왕희지의 「난정집서」(신룡본).
동진(東晉) 영화(永和) 9년(353) 3월 3일, 왕희지와 사안(謝安), 손작(孫綽) 등 문인 14명이 산음(山陰)의 난정(蘭亭)에 모여 시를 읊고 자연을 즐겼는데, 모음집에 대해 쓴 서문이다. 행서체로 쓰였는데, 왕희지 서예의 최고 걸작으로 평가받고 있다.

●15_04. 산동성 임기(臨沂)시에 있는 왕희지(王羲之) 생가.
왕희지는 호가 일소(逸少)로 303년 낭아군(지금의 임기시)에서 태어났으며, 어려서부터 서예를 좋아하여 해서, 초서, 예서, 전서 등에 모두 뛰어났다. 그의 아들 왕헌지(王獻之)도 서예에 뛰어나 보통 '이왕(二王)'이라 불린다. 왕희지는 여기서 5살 때인 307년까지 살다가 가족을 따라 남쪽의 회계(會稽) 산음(山陰)(지금의 절강성 소흥시)으로 이사를 갔다. 생가는 그 후 절로 사용되는 등 우여곡절을 겪다가 1989년 지금의 모습으로 복원하였다.

초서(草書)는 이름 그대로 '풀[草]이 바람에 눕듯 흘려 쓴 서체[書]'를 말하여, 심하게 흘려 쓴 서체를 말한다. 초서가 언제부터 생겼는가에 대해서는 이견이 많아, 진(秦)나라 때부터 있었다고도 하고 한나라가 생길 때 쯤 나왔다고도 하지만, 우리가 보통 말하는 초서는 한나라 때 쯤 유행했다고 보면 될 것이다.

동한 장제(章帝, 76~88년 재위) 때에는 서예가였던 두도(杜度)의 초서가 유행했다. 이때의 초서를 '장초(章草)'라고 부르는데, 초기 단계의 초서체에 해당한다. 이후 삼국시대 때의 황상(皇象)도 장초에 뛰어났다. 장초는 초서지만 예서의 특징을 아직 보존하고 있기 때문에 알아보기가 그리 어렵지는 않았다. 그러나 세월이 지나면서 더욱 흘림체로 발전하게 되는데, 이를 '금초(今草)'라 부른다. 왕희지의 「십칠첩(十七帖)」은 금초의 대표작으로 꼽힌다. 이후 금초는 다시 더 흘려 쓴 '광초(狂草)'로 발전했다. 광초는 용이 날아다니면서 춤을 추고 일진광풍에 쓰러지는 들풀처럼 휘갈겨, 여러 글자를 분리하지 않고 한 글자처럼 연결시켜 쓰기 때문에 알아보기가 무척 어렵다. 당나라 장욱(張旭)의 「초서고시사첩(草書古詩四帖)」은 광초의 대표작으로 알려져 있다.

초서는 흘려 씀으로써 서사 속도를 높여, 쓰는 시간이 대단히 절약이 된다는 장점이 있지만, 너무 흘려 쓰는 바람에 알아보기가 어려웠다. 알아보기 어려우면 아무리 아름답고 또 경제적이라 해도 의사소통이라는 원래의 목적을 수행할 수가 없다. 이러한 이유로 초서는 서사 속도가 빠르고 경제성을 가졌음에도 표준서체로는 자리 잡지 못했다.

그래서 한나라 말 쯤 되면 속도도 빠르면서 정확하게 알아 볼 수도 있는 장점을 함께 고려한 '해서(楷書)'가 만들어지는데, 해서는 '모범[楷]이 되는 글씨체[書]'라는 뜻을 가졌다. 해서는 이후 위진 남북조를 거치고 당나라에서 발전을 거듭하여 자신의 이름처럼 지금까지도 '모범'이자 '표준 서체'로 자리 잡았다. 물론 1949년 성립한 신 중국에서는 이를 다시 줄인 '간화자'를 사용하게 되었지만, 한국과 일본 및 대만 등 나머지 한자문화권에서는 여전히 전통적인 해서체를 사용하고 있다.

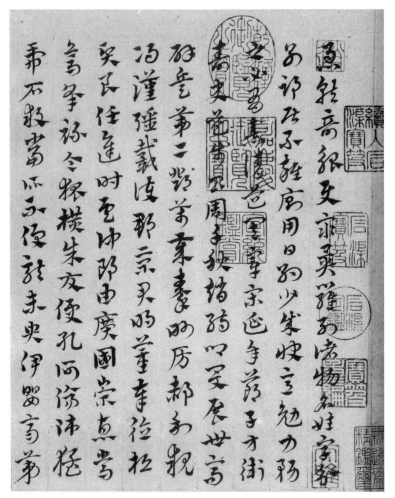

●15_05. 황상의 「급취장(急就章)」.
조맹부(趙孟頫)가 장초(章草)로 황상(皇象)의 『급취장』을 베껴 쓴 작품이다.
『급취장』은 총 1,394자로 되었는데, 한 글자도 중복 글자가 없고 문장이
아름다워 아동들의 글자 익히는 교재로 사용되었다.

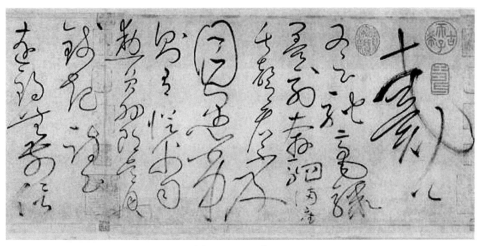

●15_06. '회소(懷素)의 광초(狂草)'(www.jia360.com).

●15_07. '초서' 집자.
위의 초(草)자는
사마의(司馬懿, 179~251),
아래의 서(書)자는
미유인(米有仁,
1086~1165)의 글씨이다.
미유인은 송나라 서예의
대가 미불(米芾)의
아들인데, 부자가 모두
서예에 뛰어나
'이미(二米)'라 불린다.

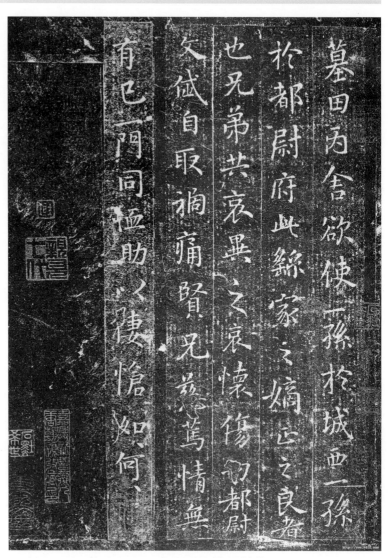

●15_08. '위나라 비석체'.
「장맹룡비(張猛龍碑)」(비액 부분)이다.
「노군태수장부군청송비(魯郡太守張府君淸頌碑)」가
원래 이름이다. 북위(北魏) 정광(正光) 3년(522)에
만들어졌으며, 누가 썼는지는 알 수 없다. 앞면에
24행, 1행에 46자씩 썼다. 뒷면에는 비를 세운 관리
10명의 이름을 새겼다. 비액(碑額)에는
"위군태수장부군청송지비(魏魯郡太守張府君淸頌之
碑)"라는 12자가 3행으로 새겨졌다. "위비 중에서
최고(魏碑第一)"로 평가되며, 수당 시대의 대표적
서예가인 구양순과 우세남의 서법을 열었다고
알려져 있다.

●15_09. 「묘전병사첩(墓田丙舍帖)」.
동한 때의 종요(鍾繇, 151~230년)의 작품으로 해서체로 되어 있으며 6행
70자로 되어 있다.

●15_10. 북위 비석체 '체(體)'

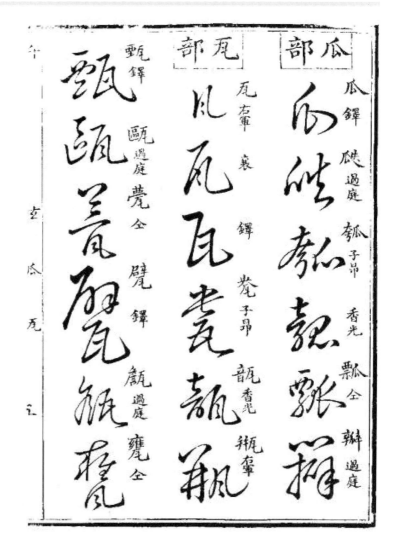

●15_11. 『초자휘(草字彙)』.
청나라 건륭 때의 서예가 석량(石梁)이 역대 초서를 모아 1787년 편집한
사전으로, 초서를 공부하는데 최고의 표본이 되고 있다.

●15_12. 서안 비림 박물관(Forest of Stone Steles Museum, www.beilin-museum.com)과 비림(碑林)' 비각.
중국 역대 중요 석각 자료를 모아 놓은 최고의 박물관이다. 현재 11,000여 점이 소장되었으며, 중국 국가급 보물이 19종 134점, 1급 유물이 535점이나 된다. 총 12개의 전시실에 비림(碑林), 석각예술, 기타 문물의 세 파트로 나누어 전시하고 있다.

●15_13. 서안 비림 박물관(西安碑林博物館) 홈페이지. 메인 화면(www.beilin-museum.com).

●15_14. 서안 비림 박물관(西安碑林博物館) 사이트 정보●

제목	서안 비림 박물관/西安碑林博物館/Forest of Stone Steles Museum,
사이트	www.beilin-museum.com
개요	섬서성 최초의 박물관으로 역대 석각 자료의 수집과 진열 및 연구를 목적으로 하는 독특한 성격의 예술 박물관이다. 북송 때인 1087년에 만들어진 서안비림(西安碑林)을 기초로, 1944년 섬서성박물관(陝西省博物館)으로 개칭하여 출발하였으며, 1961년 제1차 중국중점문물보호단위로 지정되었다. '동방문화의 보고', '서예예술의 보고', '한당(漢唐) 석각 정수의 전당', '세계 최고(最古)의 석각 서고' 등으로 불린다. 현재 11,000여 점의 유물을 소장하고 있으며, 그중 국보급이 19종 134점, 국가1급 유물이 535점 포함되어 있다. 유명한 당태종 무덤에 세웠던 6개의 준마 조각인 '소릉육준(昭陵六駿)' 중 4개가 소장되어 있다. 전시 공간은 비림(碑林), 석각예술(石刻藝術), 기타 문물 특별전 등 세 부분으로 구성되어 있으며 총 12개의 전시 공간으로 되어 있다. 또 7개의 비석실, 8개의 비석 회랑, 8개의 비석 정자[碑亭], 석각예술실(石刻藝術室), 4개의 문물진열실 등을 갖추고 있으며, 전시실 면적은 4,900㎡에 이른다.
주소	섬서성(陝西省) 서안시(西安市) 문창문내(文昌門內) 삼학가(三學街) 15호(號)
입장정보	개방시간: 3월 1일~4월 말(8:00~18:15, 17:30 이전 입장), 5월1일~10월1일(8:00~18:45, 18:00 이전 입장), 10월 1일~11월 말(8:00~18:15, 17:30 이전 입장), 12월 1일~2월 말(8:00~18:00, 17:15 이전 입장) 성수기(3월1일~11월 말) 8:00~17:30 75위안/1인, 할인 37위안/인, 비수기(12월 1일~2월 말, 50위안/인, 할인 25위안/인)
교통	관광노선 610번, 일반버스 14번, 208번, 213번, 216번, 221번, 222번, 23번, 258번 등 문창문(文昌門) 하차.
특징	송나라 때 개관한 중국 최대의 석각박물관, 국가AAAA급명승지, 중국 18개 특화 여행명승지.
주요유물	『개성석경(開成石經)』(『주역』, 『상서』, 『시경』, 『예기』, 『춘추좌씨전』, 『논어』, 『효경』, 『이아』 등 12종 경서 60여만 자, 114개 비석으로 구성) 당나라 때의 『대진경교유전중국비(大秦景教流傳中國碑)』, 『불공화상비(不空和尚碑)』, 우세남(虞世南)의 『공자묘당비(孔子廟堂碑)』, 저수량(褚遂良)의 『동주성교서비(同州聖教序碑)』, 구양순(歐陽詢)의 『황보탄비(黃甫誕碑)』, 구양통(歐陽通)의 『도인법사비(道因法師碑)』, 장욱(張旭)의 『단천자문(斷千字文)』, 류공권(柳公權)의 『현비탑비(玄秘塔碑)』, 회인(懷仁)의 『대당삼장성교서비(大唐三藏聖教序碑)』, 안진경(顔真卿)의 『다보탑비(多寶塔碑)』, 『안가묘비(顔家廟碑)』 등.
분류	석각전문박물관
참고사이트	https://baike.baidu.com/item/西安碑林博物館

16

당나라 이후의 해서

16 당나라 이후의 해서

해서체가 표준체로 채택된 당나라 이후로는 상대적으로 한자 형체의 변화가 적었다. 정부 차원에서 적극적으로 규범화에 앞장섰고, 또 과거제가 보편적으로 실시되면서 한자 사용이 더욱 통일성을 유지했기 때문이다.

당나라 때의 한자 규범화에 큰 공을 세웠던 것은 '자양서(字樣書)'라 불리는 표준 서체에 관한 책들이다.

예컨대, 『간록자서(干祿字書)』는 당시 사용 한자 중 어떤 글자가 표준체이고, 어떤 글자가 속체이고, 어떤 글자는 허용되고, 어떤 글자는 허용되지 않는지를 일일이 규정해 놓은 책이다. 이는 과거 시험 등 공식적인 환경에서 한자를 쓸 때 꼭 지켜야 할 가이드라인이었던지라 매우 유용했다. 그래서 책 이름도 '간록자서', 즉 '녹봉을 구하는[干祿] 한자 사전[字書]', 다시 말해 이 책에 제시한 대로 한자를 사용하면 과거 시험에 합격하여 국가의 녹봉을 받을 수 있

●16_01. 『간록자서(干祿字書)』.
당나라 때 편찬된 글자의 표준에 관한 책으로 해서의 규범화에 큰 공헌을 했다. 당 현종(玄宗) 때 활약했던 안원손(顏元孫)이 편찬했다. 총 800여자를 수록했으며, 글자마다 속자(俗), 통용자(通), 정자(正) 등으로 나누어 표준을 제시했다. 대력(大歷) 9년(774)에 처음 돌에 새겨졌으나 마모가 심하여 개성(開成) 4년(839)에 다시 새겨졌다. 지금의 석각은 송나라 소흥(紹興) 12년(1142)에 다시 새긴 것이다.

顔真卿顔体	柳公权柳体	文以神出
안진경(顏眞卿)체	류공권(柳公權)체	조맹부(趙孟頫)체

●16_02. '대표적 해서'.

는 공무원이 될 수 있는 책이라는 의미를 담았다. 이 책이 인기가 있자 『오경문자(五經文字)』와 『구경자양(九經字樣)』 등 유사한 책들이 줄을 이어 세상에 나왔다. 이러한 책은 사실 당나라 초기의 안사고(顏師古)가 썼던 『자양(字樣)』이라는 책에서 이름이 유래하였는데, '자양'은 글자 형체에 대한 규범이라는 뜻이다. 즉 서체를 규정한 책이라는 의미로, 오늘날의 개념으로는 '서체 표준 가이드' 정도 될 것이다.

황제도 이에 큰 관심을 가졌는데, 당나라 현종은 한자 보급과 표준화를 위해 이전의 전례를 본받아 『개성석경(開成石經)』과 같은 석경을 세우기도 했으며, 개원 23년(735)에는 『개원문자음의(開元文字音義)』라는 규범 문자체 가이드북을 반포하기도 했다.

당나라 때에는 과거제도가 시행됨으로써 표준적 규범 한자의 사용이 권장되었다. 그리하여 이 시기에는 한자사용의 혼란상을 바로잡고 과거용 표준 한자체에 대한 연구가 성행하게 되었다. 이의 결과물로는 수나라 조헌(曺憲)의 『문자지귀(文字指歸)』(4권), 당나라 안사고(顏師古, 581~645)의 『자양(字樣)』(1권)과 『광류정속(匡謬正俗)』(8권), 안원손(顏元孫, 미상~714)의 『간록자서(干祿字書)』(1권), 당나라 현종(玄宗)의 『개원문자음의(開元文字音義)』, 장삼(張參)의 『오경문자(五經文字)』(3권), 당현도(唐玄度)의 『구경자양(九經字樣)』(1권) 등이 있다.

송나라에 들면서 과거제의 엄격한 실시 외에도 인쇄술이 발달함으로써 한자의 자형이 이전에 비해 상대적으로 상당히 고정되었다. 그리고 이 시기를 대표하는 서체인 해서(楷書)는 역대의 그 어느 글자체보다도 '필사의 편리'와 '명확한 변별'이라는 문자 본연의 대립하는 두 가지 모순을 모두 잘 만족시켜 주었다.

이 때문에 해서가 생겨난 한나라 말부터 지금에 이르기까지 약 1,600년 이상의 기나긴 생명을 유지할 수 있었다. 그러나 편하게 쓸 수만 있다면 더 환영받는 법, 서사의 편리라는 측면을 상대적으로 더 충족시켜 줄 수 있었던 행서나 초서를 비롯한 해서체의 속자나 약자들은 공식적인 장소가 아닌 민간에서 크게 환영받았다.

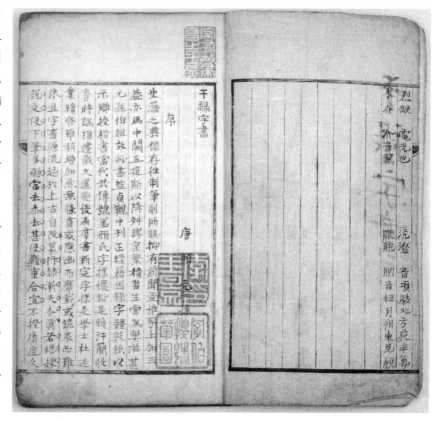

●16_03. 『간록자서(干祿字書)』·『금호자고(金壺字考)』(각1권).
자전(字典)인 『간록자서』와 『금호자고』를 모은 책. 이덕무(1741~1793)의 친필본.
사주단변(四周單邊). 반엽(半葉) 11행. 표지 오른쪽은 꼰실로 4바늘 꿰어 엮음.
간록자서의 서(序)에는 이규경(1788~?)의 인장 3방이 찍힘. 간록자서의 서(序)와 본문 뒤에는 이덕무가 계묘년에 규장각에서 옮겨 적었다는 글이 있음. 오기(誤記) 부분은 본문 위에 직접 수정됨. 세로 22.5㎝, 가로 13.8㎝. 국립민속박물관 소장.

우리가 흔히 쓰는 폰트 중에 '명조체(明朝體)'라는 것이 있다. 여기서 변형된 '신명조', '윤명조', '견명조', '휴먼명조' 등 수없이 많은 '명조'라 이름 붙인 폰트들도 보인다.

'명조체'는 이름 그대로 명(明) 왕조[朝] 때의 서풍을 따라 만든 활자체[體]를 일컫는 말인데, 내리긋는 획은 굵고 가로 긋는 획은 가늘다는 특징을 갖고 있다.

송체(宋體)도 마찬가지이다. 달리 송조체(宋朝體)라고도 하는데, 송(宋) 왕조[朝] 때의 서풍을 따라 만든 활자체[體]로 획이 가늘고 폭이 좁으며 오른쪽 어깨가 약간 위로 올라가는 특징을 가진다. 여기서 파생한 폰트가 '모방 송체(fangsong)'라는 폰트이다.

우리 흔글의 바탕체도 명조체의 다른 이름이고, 중국어 윈도우에서 즐겨 쓰는 한자 폰트인 심순(Simsun)체도 송체이다. 모두 오늘날 컴퓨터상에서 즐겨 사용하는 폰트들이다.

●16_04. '측천무후 창제문자'.
「무주육공부인최씨묘지(武周陸公夫人崔氏墓誌)」. 낙양 출토, 성력(聖歷) 2년(699) 정월 28일 하장. 높이 46.5, 넓이 46.5, 해서 12행, 각 행 12자. 국(國), 정(正), 인(人), 성(聖), 천(天), 년(年), 월(月), 일(日) 등이 모두 측천무후의 창제글자[武周新字]로 기록됨. 측천무후는 천수(天授) 원년(690) 낙양에 수도를 정하고 나라이름을 당(唐)에서 주(周)로 고치고 황제에 등극했다. 당나라의 전장제도를 고치는 동시에 새로운 글자를 창제했다. 『선화서보』에 의하면, 19자를 창제했다고 하나 실제로는 이체자를 포함해 20여자를 창조했다. 측천무후 생존 당시에는 사용되었으나 사후에는 모두 도태되고 측천무후 자신의 이름으로 사용되던 조(曌)(=照)자만 남게 되었다. 이 비석의 각석시기가 바로 측천무후의 집정 때여서 '무주신자'를 살피는 대표적 실물자료가 된다. 현재 낙양 관림 비각묘지진열실 소장. 『中國關林』, 78쪽.

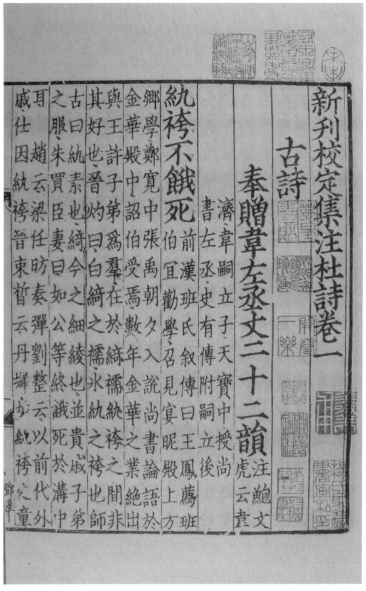

●16_05. '송체'. 『신간교정집주 두시(新刊校定集注杜詩)』(제36권)

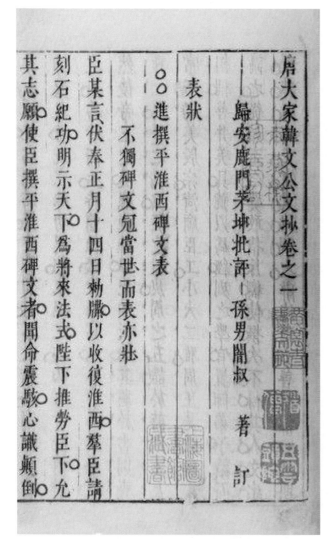

●16_06. '명조체'. 명각본(明刻本)
『당송문초(唐宋文鈔)』(http://collection.sina.com.cn/gjsb/20110621/141429638.shtml)

●16_07. '명조체'.
청나라 때 판각한 진서릉(陳徐陵) 찬,
『서효목집전주(徐孝穆集箋注)』(제6권)(http://auction.artron.net/paimai-art60871318/)

宋体	송체(宋體). 중국 송나라 때의 서체. 해서체의 하나로 획이 가늘고 폭이 좁으며 오른쪽 어깨가 약간 위로 올라간다. 명나라 때 만들어졌다. Windows 시스템: 中易宋體(SimSun, TrueType), 簡體中文細明體('Ming Light' MingLiU) 繁體中文新細明體(PMingLiU) 繁體中文MS 明朝(MS Mincho), 日文 MS P明朝(MS PMincho, TrueType), 日文 遊明朝(Yu Mincho, TrueType), 日文 바탕(Batang), 韓文
仿宋体	모방송체[仿宋體]. 모방 송체를 말하는데, 송체를 기본으로 하였으나 필획이 가느다랗고, 가로획과 세로획의 굵기가 같다. 중국에서는 부제나 인용문이나 주석 등에 사용한다. Windows 시스템: Fangsong
新宋体	신송체(新宋體). 송체(宋體)와 비슷하sk니 정사각형에 필획의 두께가 균등하여 고딕체로 되었다. office에서 제공하는 서체이다.
明朝体 明朝体 明朝体	명조체(明朝體). 넓은 의미의 명조체는 일본과 한국 등에서 부르는 송체자(宋體字)를 포함하며, 좁은 의미에서는 일본의 컴퓨터 폰트만을 지칭한다. 원명(元明) 때, 희곡과 소설의 유행으로 조판 효율을 높이고자 만들어진 서체로, 송체에 근거해 가로획은 가늘고 세로획은 굵은 인쇄 전용 서체가 만들어졌고, 이것이 명나라 때 일본으로 들어가 유행하면서 명체(明體) 혹은 명조체(明朝體)라 불렸다. 이후 컴퓨터 서체가 개발되면서 일본의 명조체가 한국과 대만 등지로 들어가 유행하게 되었다. 중국에서 개발한 '송체'(SimSun)와는 약자 등에서 차이를 보여 일부 호환이 되지 않는다. 영문 이름은 'Ms Mincho'나 'Ms PMincho'로 불린다.

楷体

해서체(楷書體)는 정해(正楷), 진서(真書), 정서(正書)라고 불리는데, '형체가 네모지고, 필획이 가지런하며 모범이 될 만한 서체'라는 의미에서 '표준서체'라는 의미를 담았다. 대표적인 해서체는 당나라 구양순(歐陽詢)의 '구체(歐體)', 안진경(顔眞卿)의 '안체(顔體)', 류공권(柳公權)의 '류체(柳體)'와 원나라 때의 조맹부(趙孟頫)의 '조체(趙體)'가 대표적이다. 당시 불경을 필사할 때 많이 사용되었다. 컴퓨터 서체로는 다음의 것들이 있다.

標楷體, DFKai-SB(Windows)/BiauKai(Mac OS)
華文楷體(KAIU.TTF에 추가된 마이크로소프트 Office의 소프트웨어)
AR PL 中楷(AR PL UKai)(自由字體, Linux 發行版에 암묵적으로 첨부)
Kai(Mac OS簡體中文字體)

● 16_08. '각종 인쇄용 서체표'

方正清刻本悦宋繁體

Aa   Ff
Gg   Qq   永

ABCDEFGHIJKLMNOPQRSTUVWXYZ
abcdefghijklmnopqrstuvwxyz
0123456789

©2016 Design by fontke.com

● 16_09. '방정(方正)에서 개발한 청각본 열송 번체(清刻本悦宋繁體)'
(Font Family List-FontKe.com)

康熙字典
子集上
一部

●16_10. 『강희자전(康熙字典)』.
1716년에 출간되었으며, 중국 최고의
자전으로 일컬어진다.
전 42권으로 되었으며, 강희제(康熙帝)의
명령으로 당시의 대학사였던
진정경(陳廷敬)과 장옥서(張玉書) 등
30명의 학자가 편찬 착수 5년 만인
1716년(강희 55)에 완성했다. 명(明)나라의
『자휘(字彙)』와 『정자통(正字通)』 등의
구성을 참고하고 더욱 내용을 충실하게
하였으며, 12지(支)의 순서로 12집(集)으로
나누고 119부(部)로 세분하였다.
본문 이외에
총목(總目)·검자(檢字)·변사(辨似)·등운(等
韻)·비고(備考)·보유(補遺)가 있다. 214의
부수(部首)를 세워 약 47,000자를 각
부수에 배속시켜 획수 순으로 배열하고,
각자(各字)마다 반절(反切)에 의한
발음·훈고(訓詁)·자해(字解)를 달아
속자(俗字)·통자(通字)를 표시하였다.
오늘날의 한자자전의 체재(體裁)는
여기에서 정립되었다고 할 수 있다.
자해는 거의 정확하며, 적절한 고전의
용례(用例)를 경사백가(經史百家) 및
한(漢)·진(晉)·당(唐)·송(宋)·원(元)·명(明)
이래의 시인·문사들의 저술에서 광범하게
인용·예증하였다. 그러므로 오랫동안 가장
좋은 자전으로서 널리 이용되어 왔다.
음운(音韻)과 훈고에 중점을 둔 이 자전의
체재는 자마다 금운(今韻)을 앞에 두고
고운(古韻)을 뒤로 하였으며, 정의(正義)를
앞에 두고 방의(旁義)를 뒤에 두었다.
1827년에 왕인지(王引之)가 명을 받아
『자전고증(字典考證)』을 만들어
2,588조(條)의 오류를 교정(校訂)하여
중간(重刊)하였다.
(네이버 지식백과 참조)

●16_11.
'중화자전박물관'.
『강희자전』등 역대
자전을 수집해 놓았다.

●16_12. '중화자전박물관' 사이트 정보●

제목	중화자전박물관/中華字典博物館/Chinese Dictionary Museum
사이트	http://www.sxcr.gov.cn/gjbwg/show.php?itemid=51
개요	중화자전박물관은 황성상부(皇城相府)에 자리하고 있는데, 이곳은『강희자전(康熙字典)』의 편찬 기획자이자 청나라 강희(康熙) 황제의 스승이었던 진정경(陳廷敬)의 생가이다. 현대 본 박물관에는 약 15,000책에 이르는 각종 자전(字典)과 사전(詞典)이 전시되어 있는데, 고대 자전과 근대 자전과 언어, 사회 과학류의 자전이 주를 이루고 있다. 청나라 강희(康熙) 49년(1710), 진정경(陳廷敬) 등 30여 명의 학자들이 강희 황제의 명을 받들어 역사에 남을『강희자전』을 편찬했는데, 6년이 지난 강희 56년(1716)에 완성되었으며, 총 470,035자를 수록하여, 가장 영향력이 강한 한자 사전이 되었다. 현재 본 박물관에는 128종에 이르는 각종『강희자전』을 소장하고 있다. 황성상부(皇城相府)는『강희자전』의 총교열자이자 35년간 동안 강희 황제의 경연(經筵) 강사를 맡았던 진정경(陳廷敬)의 생가로 내성(內城), 외성(外城), 자운천(紫芸阡), 어서루(禦書樓) 등으로 구성되었으며, 전체 면적이 36,000㎡에 이른다. 드물게 남아 있는 명청(明淸) 시대의 성보식(城堡式)으로 된 관료의 호화대 주택으로, '중국 북방의 최고 문화 거택(巨宅)'으로 불린다. 특히 내성(內城)은 진정경(陳廷敬)의 백부인 진창언(陳昌言)이 명나라 숭정(崇禎) 6년(1633)에 전란을 피하기 위해 건설했고, 외성(外城)은 청나라 강희(康熙) 42년(1703) 완성되었다. 2007년 국가AAAAA급 명승지로 지정되었다.
주소	산서성(山西省) 진성시(晉城市) 양성현(陽城縣) 북류진(北留鎭)
입장정보	황성상부(皇城相府) 전체 20위안/인, 2~4시간 소요 개방시간: 하절기 8:00~18:00, 동절기 8:00~17:00
교통	진성시(晉城市)에서 황성상부(皇城相府)행 직행버스, 약 30분 소요.
특징	국가 AAAAA급 명승지, '중국 북방의 최고 문화 거택(巨宅)' 오정산촌(午亭山村), 중도장(中道莊), 진정경 생가[陳廷敬故居]
주요유물	각종 사전과 자전 15,000책
분류	역사유적지, 전문박물관
참고사이트	http://baike.baidu.com '皇城相府'

●16_13. 중국과거박물관(中國科擧博物館) 홈페이지. 메인 화면(http://www.njiemuseum.com).

중국과거박물관은 남경(南京)시 진회(秦淮)구 부자묘(夫子廟)의 중심지에 위치한, 중국 과거(科擧)제도 관련 유물 소장 센터이다. 옛날 중국 최대의 과거시험장으로 최대 2만 명까지 동시 수용이 가능했던 강남공원(江南貢院)을 확장하여 지금의 모습이 되었다. 원 모습을 유지하고자 완전 지하 박물관 식으로 만들어졌으며, 현재 개방된 것만 지상의 명원루(明遠樓), 지공당(至公堂), 호사(號舍), 비각(碑刻)을 비롯해 남원(南苑)의 괴광각(魁光閣) 등 11개의 전시실로 구성되어 있다.

17

인쇄술과 책의 변천

17 인쇄술과 책의 변천

책은 인류의 지식과 문화를 축적시켜 전승하게 하였고, 이를 통해 인류는 찬란한 역사를 만들고 비약적인 발전을 할 수 있었다. 그래서 책은 인류 발전의 원동력이자 생명원이라 할 수 있다. 책을 '생명의 문서'라고 부르는 이유가 여기에 있다. 우리는 서책(書冊)이라는 말을 자주 쓰지만 원래는 다른 말이었다. 특정 필사 재료에다 붓으로 쓴 글씨를 책의 형태로 묶어야 '책(冊)'이 되지만, 묶지 않으면 책(冊)이 되지 못하고 '서(書)'로 남는다.

영어에서 책을 뜻하는 'book'은 게르만 어에서 기원하였다. 이는 독일어의 'buch'나 네덜란드어의 'bock', 스웨덴어의 'bok', 고대 영어의 'boc'가 변한 것인데, '너도밤나무'를 뜻하는 'beech'와 같은 어원을 가진다. 북유럽 지역에 지천으로 자라는 너도밤나무의 껍질에다 글을 쓴 것이 '책(book)'의 어원이 된 것으로 보인다.

그러나 중국에서는 일찍부터 '종이'라는 특수한 재료를 사용했다. '종이'는 중국이 인류사에 남긴 위대한 발명품의 하나이다. 105년 한나라 때 채륜(蔡倫)이 발명했다고 전해지지만 서한 때 이미 삼으로 만들어진 원시적 단계의 실물 종이가 발견되었다. 아마도 종이의 발명은 채륜보다 훨씬 이전에 이루어졌고, 그는 기술적 발전을 이룬 사람으로 추정된다.

●17_01. '책(冊)'

종이가 나오기 이전, 고대 중국에서는 어디에다 글을 썼을까? 현전하는 것 중 가장 시대가 앞서는 것으로는 돌이나 도기(陶器)가 있으며, 갑골(甲骨)이라 불리는 저 유명한 거북딱지나 동물 뼈도 있다. 또 금문(金文)의 필사 자료였던 청동기도 있고, 간독(簡牘)문자로 일컬어지는 대나무와 나무(木牘), 그리고 비단 등도 있었다. 그러나 그 중에서도 가장 보편적으로 쓰였던 것은 아무래도 대나무를 들어야 할 것이다.

죽간(竹簡)은 대나무를 쪽으로 쪼개 불에 구워 물기를 없앤 다음 말리고 거기에다 붓으로 글씨를 썼던 것을 말한다. 책(冊)은 바로 이렇게 쓴 대쪽을 말 수 있도록 끈으로 엮어 놓은 형태를 그린 글자이다. 책을 엮을 때는 새끼줄이 보통이었으나 중요한 책은 가죽 끈으로 묶기도 했다. 그래서 가죽 끈이 세 번이나 끊어질 정도로 『역경』을 열심히 보았다는 공자의 '위편삼절(韋編三絶)'이라는 고사 성어는 바로 여기서 연유하였다.

이후 종이가 보편화하고 유행하면서 종이가 모든 필사 재료의 대표가 되었다. 그렇게 되자 붓으로 먹을 찍어 종이에 쓰는 필사의 속도를 높이기 위해 각종 서체가 만들어졌다. 진시황 때의 소전(小篆)체를 이어 한나라 때에는 예서(隸書)가 표준 서체로 자리 잡았고, 한나라 말이 되면 행서(行書)와 해서(楷書)도 나오게 된다. 수당 이후 해서가 대표적인 서체로 자리 잡으면서 각종 서체가 개발된다. 소위 해서의 4대가라 불리는 당나라의 구양순(歐陽詢), 안진경(顔眞卿), 류공권(柳公權)과 원나라의 조맹부(趙孟頫)가 대표적이다.

한편 당나라 초기에 이르면 대량의 불경 인쇄와 과거제 등의 시행과 경제의 비약적인 발전으로 서책의 수요가 급증하게 되었고, 필사의 한계를 극복하기 위해 '인쇄'가 등장하게 되었다. 필사는 한 번에 한가지 밖에 쓰지 못하지만, 인쇄는 한 번에 여

●17_02. '구텐베르크(Johannes Gutenberg) 동상'(독일 마인츠).

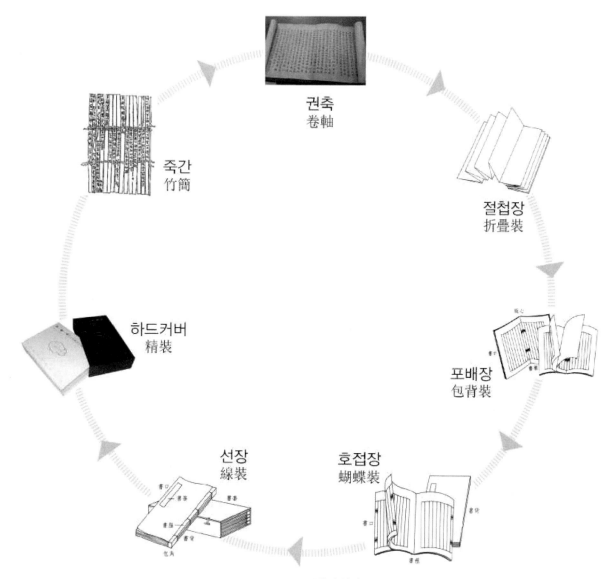

권축
卷軸

죽간
竹簡

절첩장
折疊裝

하드커버
精裝

포배장
包背裝

선장
線裝

호접장
蝴蝶裝

●17_03. '책의 역사'.
제작 방식에 따라 이상의 과정을 거쳤다. 책(冊)은 종이가 보편화되기 전 죽간에다 글을 쓰고 이를 묶어 놓은 모습을 그렸다. 종이가 보편화된 이후 책의 제작 형식이 진보하여 지금은 하드커버와 소프트커버가 유행하게 되었고, 또 컴퓨터의 발달로 전자책이라는 새로운 형식도 출현하였다.

러 개를 만들어 낼 수 있기 때문이었다. 처음에는 나무에 글자를 새겨 넣어 찍어 내는 '목판'이 등장했다. 한 번에 5백 번 이상 찍어 내는 '목판'의 발명은 대단히 혁신적인 발명품이었다. 이를 통해 서책은 급속도로 보급되었고, 또 이를 통해 문화도 급격하게 발전했다. 목판 인쇄는 대략 7세기, 당나라 초기에 처음 시작된 것으로 알려졌다.

그러나 목판도 한계를 가졌다. 한 페이지씩 나무에 새기다 보니, 책 한권을 만들려면 많은 목판이 필요했다. 예컨대 1천 쪽의 책을 만들려면 1천 장의 목판이 필요했다. 그리고 이 목판은 해당 책만 인쇄할 수 있을 뿐, 다른 책을 인쇄하려면 다시 그

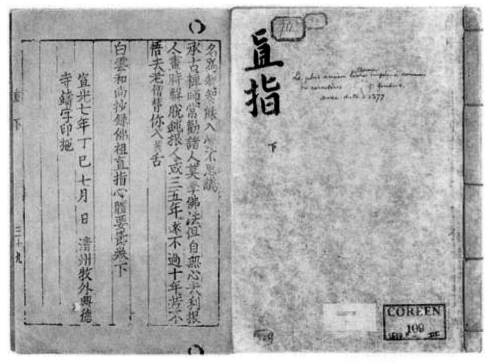

●17_04. '『백운화상초록불조직지심체요절(白雲和尙抄錄佛祖直指心體要節)』'.
1377년 7월에 백운화상의 제자들이 청주 흥덕사에서 금속 활자로 찍은 세계에서 가장 오래된 책이다. 구텐베르크 『성경』(1440년 경)보다 70년 이상 앞선다. 1899년 모리스 꾸랑(Mourice Courant)이 『한국도서지보유(韓國圖書誌補遺, Suplément A La Bibliographie Coreenne)』(No. 3738)에 "북원(北元) 소종(昭宗) 선광(宣光) 7년(禑王 3年, 1377)에 청주(淸州) 흥덕사(興德寺)에서 금속활자로 인출(印出)되었다"라고 기록하고 있다. 「직지심체요절」 하권의 판식(版式)은 사주단변(四周單邊)이고, 계선이 있다. 반엽(半葉)의 행자수(行字數)는 11행 18~20자이며, 주문(註文)은 쌍행이다. 판심에 어미는 없고, 판심제는 「직지(直指)」이며, 권말에 붙은 제목(卷末題)은 「백운화상초록불조직지심체요절(白雲和尙抄錄佛祖直指心體要節)」이다. 책의 크기는 24.6*17.0㎝이며, 다섯 개의 구멍을 뚫고 붉은 실로 꿰맨 선장본(線裝本)이며, 2001년에 유네스코 세계기록유산에 등재되었다.

에 맞는 전용 목판을 만들어야만 했다. 이러한 한계를 극복하고자 고안된 것이 '활자'였다. 활자는 다양한 글자를 많이 만들어 놓고 필요에 따라 조합을 하면 되고, 다시 다른 책이 필요하면 필요한 대로 조합하면 되었다. 목판에 비해 엄청난 발전이 아닐 수 없었다.

활자가 언제 누구에 의해 만들어졌는지는 아직 밝혀져 있지 않지만, 처음에는 진흙을 구워 만든 '니(泥)활자'가 시초였고, 이를 이어 도기로 만든 '도(陶)활자'와 나무로 만든 '목(木)활자'가 나왔으며 급기야 쇠로 만든 '금속(金屬)활자'가 나왔다. 금속활자는 비용이 제법 들지만 아름답게도 할 수 있고 거의 반영구적으로도 쓸 수 있다는 장점을 가져, 인쇄술의 꽃이 되었다. '금속활자'는 재질에 따라 다시 구리로 만든 '동활자', 쇠로 만든 '철활자', 아연으로 만든 '연활자' 등으로 나뉜다. 일반적으로 송나라 인종(仁宗) 연간(1041~1049)에 필승(畢昇)

●17_05. 도활자(陶活字)

이 교니(膠泥)활자를 발명했고, 원나라 때의 왕정(王禎, 1260~1330)이 목(木)활자를 발명한 것으로 알려졌다. 연활자는 서구에서 먼저 발명되었는데, 독일의 요하네스 구텐베르크(1397~1468)에 의해 발명된 것으로 알려졌다.

현존하는 최초의 목판 인쇄품은 1966년 경주 불국사(佛國寺)에서 발견된 「무구정광대다라니경(無垢淨光大陀羅尼經)」이며, 내용은 7세기 말 당나라 측천무후[武則天] 시대를 반영하고 있다. 또 최초의 금속활자도 한국에서 만들어졌는데, 현전하지는 않지만, 고려 고종 때인 1234년 『상정고금예문』을 금속활자로 인쇄했다는 기록이 전하고, 1377년에 간행된 『직지심체요절』은 현전하여, 서양보다 200년이나 앞선 세계 최초의 금속활자가 고려에서 발명되었다는 것을 알 수 있다. 인쇄 강국, 문화 강국의 진면모를 보여 주는 부분이 아닐 수 없다.

인쇄술의 발달은 지식의 보급을 이루었고, 지식의 보급은 과학혁명을 이루었으며 과학혁명은 기술혁명과 산업혁명으로 이어졌다. 서구에서는 1469년에 이탈리아의 베니스에서 처음으로 인쇄소가 만들어졌고 1500년에는 이 지역에만 무려 417개의 인쇄소가 있었다고 한다. 또 1476년에는 캑톤(William Caxton)이 잉글랜드에다 첫 번째 인쇄소를 만들었고, 1539년에는 스페인의 파브로스(Juan Pablos)가 멕시코의 멕시코시티에 인쇄소를, 또 데이(Stephen Day)는 1628년 미국의 매사추세츠에 북미 최초의 인쇄소를 만들어 인쇄술이 전 세계로 퍼져나가게 되었다.

●17_06. '인쇄도구'.
인쇄용 물품을 보관하는 나무상자. 밀대 5개, 대칼 7개, 대저 칼 7개, 인판용 대쪽 22개, 계선용 대쪽 70개, 대자 6개, 활자 1,480개, 기타 10개임. 높이 17.5㎝, 세로 21.5㎝, 가로 54㎝. 국립민속박물관 소장.

20세기 중반 이후로 컴퓨터가 보편화하면서 인쇄도 컴퓨터로 옮아가기 시작했다. 21세기를 사는 지금은 거의 모두가 컴퓨터 조판으로 이루어지며, 심지어 종이가 필요 없는 전자책(ebook)도 대세를 이루게 되었다. 아마도 미래에는 책도 인터넷 공간이나 가상공간 상에서 만들어지고 유통되며 가상공간을 통해 읽히는 시대로 바뀔 것이다.

●17_07. '청주 고인쇄 박물관'.(http://jikjiworld.cheongju.go.kr)

1992년 3월 17일에 개관한 대한민국의 고인쇄 전시 박물관으로, 충청북도 청주시에 위치한 흥덕사 터에 건립되었다. 처음 건설될 당시에는 흥덕사지 관리사무소라 불리던 것이, 1993년 7월 2일에 현재의 명칭인 청주고인쇄박물관으로 변경되었고, 청주시가 소관을 담당하고 있다.

●**17_08.** 청주 고인쇄 박물관 뜰에 설치된 세계 활자 연표 비석.

●17_09. 청주 고인쇄 박물관 홈페이지. 메인 화면(jikjiworld.cheongju.go.kr)

●17_10. 청주고인쇄박물관(淸州古印刷博物館) 사이트 정보●

제목	청주고인쇄박물관/淸州古印刷博物館/Cheongju Early Printing Museum
사이트	http://jikjiworld.cheongju.go.kr
개요	1992년 3월 17일에 개관한 대한민국의 고인쇄 전시 박물관으로, 세계 최초의 금속활자본 『불조직지심체요절(佛祖直指心體要節)』이 발견된 충청북도 청주시에 위치한 옛 흥덕사 터에 건립되었다. 처음 건설될 당시에는 흥덕사지 관리사무소라 불리던 것이, 1993년 7월 2일에 현재의 명칭인 '청주고인쇄박물관'으로 변경되었고, 청주시가 소관을 담당하고 있다. 1994년 8월 1일 운영권이 충청북도에서 청주시로 이관되었으며, 2000년 6월 증축공사를 거쳐 다시 문을 열었다. 2001년 11월 문화관광부에서 선정한 전국 최우수박물관에 선정되었다. 부지 40,990㎡, 연건평 4,868㎡ 규모에 건물은 지하 1층, 지상 3층이고 전시실 면적은 1,610㎡이다. 신라 및 고려·조선시대의 목판본·금속활자본·목활자본 등의 고서와 흥덕사지 출토유물, 인쇄기구 등 650여 점이 보존·전시되어 있다. 전시 외에 청주국제인쇄출판박람회 개최, 흥덕사지 관리 및 보존, 고인쇄문화 및 활자 연구, 박물관 기관지 발간, 고인쇄 관련자료 발간 등의 사업을 추진한다.
주소	우) 28472 충청북도 청주시 흥덕구 직지대로 713(운천동) 전화) 043-201-4266
입장정보	화요일~일요일(1월 1일, 설날, 추석날 휴관) 09:00~18:00, 무료, 약 1시간 30분 소요
교통	고속/시외버스 터미널: 831번 버스 예술의전당 정류장 하차 도청: 832번 버스 고인쇄박물관 정류장 하차
특징	금속활자 전문 박물관
주요유물	세계최초의 금속활자인쇄물인 『백운화상록불조직지심체요절(白雲和尙錄佛祖直指心體要節)』이 탄생한 청주(淸州) 흥덕사(興德寺) 터. 직지금속활자공방(直指金屬活字工房), 인쇄문화실(印刷文化室), 동서인쇄문화실(東西印刷文化室), 기획전시실(企劃展示室), 영상실(影像室), 시연실(試演室), 인쇄기기실(印刷機器室) 등.
분류	유물/체험 박물관
참고사이트	http://terms.naver.com/entry.nhn?docId=1207231&cid=40942&categoryId=34683 두산백과

18

중국의 근대와 한자개혁

18 중국의 근대와 한자개혁

청나라 말기 서구 열강들의 강압에 의해 오랫동안 닫았던 중국의 문호는 열리게 되었으며, 이를 계기로 자본주의 문명과 과학기술이 들어오기 시작했다. 중국에서 발전하여 왔던 유구한 역사를 가진 전통 문화는 외부로부터 들어온 서양문화에 의해 전에 볼 수 없을 정도의 충격적인 충돌과 갈등을 일으키게 되었다. 열강의 침입과 완전히 새로운 문화의 도전에 직면하여 중국의 진보적 지식인들은 중국사회와 문화적 전통에 대해 깊이 반성하면서 '전통'을 새롭게 평가하기 시작했으며, 이를 통해 중국민족과 중국문화가 생존할 길을 모색하기 시작했다. 바로 이러한 역사적 배경 아래에서 서양의 알파벳처럼 쉽게 배우고 익힐 수 있는 문자를 가져야 하겠다는 인식하에 대대적인 한자의 개혁운동이 일어나게 되었다.

청나라 말기의 표음문자화 운동은 서양 선교사들의 선교활동과 밀접하게 관련되어 있으며, 그 원류는 명나라 말까지 거슬

●18_01. 마테오리치(Matteo Ricci, 1552~1610)의 중국 여행 경로.
마카오(澳門)에서 시작하여 조경(肇慶), 소관(韶關), 남웅(南雄), 매령고도(梅嶺古道), 공주(贛州), 남창(南昌), 남경(南京), 천진(天津)을 거쳐 북경(北京)에 도착했다.

러 올라간다. 명나라 만력 33년(1605)에 이탈리아의 전도 사였던 마테오리치(Matteo Ricci, 1552~1610)가 북경에서 『서양문자의 경이 *Wonder of Western Writing* [西字奇蹟]』라는 책을 출판하여 서양문자의 장점을 강조했는데, 이것이 라틴문자로 한자의 독음을 단 최초의 체계적 방안이 되었다.

이를 이어 명나라 천계 5년(1625)에는 프랑스의 선교사였던 트리고(Nicolas Trigault, 1577~1628)가 마테오리치의 알파벳 방안을 재수정하여 로마자로 주음을 한 한자 단어집인 『서구학자를 위한 입문서 *A Help of Western Scholars* [西儒耳目資]』라는 책을 출판하였다. 비록 서양인들이 한자와 중국어를 배우는데 도움을 주고자 만든 방안이긴 했지만, 그가 사용했던 주음 방법은 명말 청초 시기의 한자 학자들에게 많은 시사를 주었다. 이는 라틴 자모(로마자)로 주음을 단 예는 전통적인 한자의 주음 방법에 새로운 길을 열어 주었으며, 중국의 한자 학자들은 이러한 것으로부터 표음문자를 창조해야겠다는 생각을 하기 시작했다. 바로 20세기 초부터 본격적으로 창제되기 시작한 각종 주음자모나 알파벳들은 바로 여기서부터 시작되었다 하겠다.

1. 교회의 로마자 운동

●18_02. 『서양문자의 경이 *Wonder of Western Writing* [西字奇蹟]』. 1605년 북경에서 출판되었다.

청나라 초기부터 아편전쟁(1840~1842)이 일어나기까지 중국은 통상수교거부정책을 시행했기 때문에 서양 선교사들은 그 활동에 상당한 제약을 받게 되었다. 따라서 명나라 말기부터 이루어졌던 주음자모와 알파벳에 대한 연구도 정체상태에 머무르고 있었다. 하지만, 1842년 아편전쟁이 패배로 끝남에 따라 서구 열강들이 중국으로 대거 밀려들어오게 되었고, 이를 계기로 서양의 선교사들도 활동을 재개했다. 기독교를 널리 보급시키기 위해 그들은 『성경』을 번역했고, 그 과정에서 그들이 활동했던 지역의 방언에 발음을 다는 형식을 채택했다. 이렇게 일어난 운동을 '교회의 로마자 운동'이라 불렀다. 19세기 말에서 20세기 초에 이르기까지 적어도 17종의 방언이

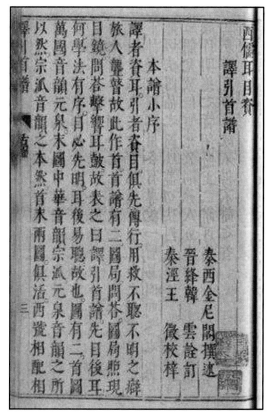

●18_03. 『서구학자를 위한 입문서[西儒耳目資]』(대만고궁박물원 소장).

로마자로 주음 되었다는 통계로 미루어, 이 운동이 얼마나 폭넓게 벌어졌는가를 짐작할 수 있다.

　교회에서 『성경』을 보급하기 위해 채택한 한자음의 로마자 주음은 그 자체로 강력한 외래문화의 침입이었을 뿐만 아니라 중국의 전통적인 한자체계와도 첨예한 충돌을 일으키게 되었다. 즉 선교사들은 교회 로마자를 제창하는 과정에서 서구문명의 우수성과 중국문화의 미개함을 주장하게 되었고, 중국문화가 미개한 근본 원인이 바로 미성숙한 문자인 한자체계에 있다고 주장했다. 문자는 상형문자에서 표의문자를 거쳐 표음문자로 발전하기 때문이라는 논리였다. 또 로마자는 표음문자체계로 간편하고 신속하게 사상을 표현 전달할 수 있어 '지식의 대문을 여는 열쇠'가 되지만, 많은 시간과 노력을 들여야 하는 한자는 일반인들의 과학화 교육에 가장 힘든 장애가 되므로 한자 대신 표음문자를 사용해야 한다고 그들은 주장하였다.

하지만, 한자라는 것은 중국민족 자신의 자부심 그 자체이자 중국문화의 핵심이다. 이러한 한자의 지위가 몇몇 선교사들에 의해서 동요되고 세계의 어느 역사보다 유구한 전통을 지닌 중국의 문화가 위기에 직면한 상황에서 대다수 지식인은 한자를 수호하고자 하는 보수적 경향을 견지하였다. 이 때문에 교회 로마자 운동은 결국 별다른 성과를 거두지는 못했다. 그러나 교회 로마자 운동은 표음문자가 문화의 보급에 크게 역할할 수 있다는 것을 보여주는 한편 한자가 가진 약점을 인식하는 계기가 되었음은 분명하다. 사실 이후 이루어진 표음문자의 제창과 한자개혁 운동은 모두 이의 영향을 깊게 받았다.

2. 절음자(切音字) 운동

19세기 말에 들어 중국의 진보적 지식인들은 교회의 로마자 운동에 영향을 받아 교육의 보급과 과학의 발전, 국가의 중흥에 중점을 두면서 한자를 개혁하고자 하는 실험을 시작했다. 노당장(盧戇章, 1854~1928)은 중국식 표음문자를 최초로 창안한 사람이다. 그는 1892년 「일목요연초계(一目瞭然初階)」라는 방안을 출판하여 55자의 변형된 라틴 자모를 가지고 음표문자체계를 완성하고서 이를 「절음신자(切音新字)」라 했다. '절음(切音)'은 '병음(拼音)'과 같은 뜻으로, 성모와 운모의 대표자를 결합하는 방식으로, 달리 '합성(合聲)'이라고도 불린다.

한자 개혁 초기단계의 대표적 인물인 노당장의 방안은 많은 진보적 지식인들의 호응을 받아 '절음자 운동'이 일어나게 되었다. 그 결과 1892년부터 1911년 신해혁명이 일어나기까지 세상에 발표된 절음자 방안만 해도 28여 종이나 되었다. 이 28종의 절음자 방안 중 어떤 것은 한자의 필획을 응용한 것도 있고, 어떤 것은 속기 부호 식으로 된 것도 있으며, 어떤 것은 라틴 자모 식으로 된 것도 있었다.

다양한 절음자 방안 중에서도 왕조(王照, 1895~1933)와 노내선(勞乃宣, 1843~1941)이 제정한 방안이 가장 큰 영향을 끼쳤다. 왕조는 무술정변에 참여했다가 정변의 실패로 일본으로 망명하였다가 일본의 가나의 영향을 받아 「관화(합성)자모(官話(合聲)字母)」를 창제했는데, 50개의 자음과 12개의 모음으로 구성된 한자의 필획을 줄여서 만든 표음문자 방안이다. 또 노내선의 「합성간자(合成簡字)」는 왕조의 관화 자모에 기초하고 이에다 남방어 특유의 음소를 보충할 수 있게 한 방안이었다. 이 방안의 목적은 "남방방언을 다리로 삼아 북경음을 가지고 통일함으로써" 교육을 보급하고 중국어를 통일시키려는 것이라고 했다. 이 방안은 광범위한 반향을 일으킨 결과 1910년 중앙교육회의의 의결을 거쳐 최종적으로 '국어통일방법안'으로 통과되었고 1911년부터 시행할 계획으로 있었다. 하지만, 1911년 10월 신해혁명이 발발함으로써 이 법안은 실행되지 못했다.

그러나 노당장 이후 20년간의 짧은 기간임에도 다양하면서도 광범위한 영향력을 행사했던 절음자 운동은 중국의 진보적 지식인들이 외래문화의 영향 하에서 한자를 새로운 시각에서 접근하려는 시도로 볼 수 있으며, 이들의 대담한 시험과 쉼 없는 노력은 이후 중국의 본격적 표음문자 운동에 매우 큰 영향을 미쳤다.

3. 주음자모(注音字母) 운동

1911년 중화민국이 성립되고서 결실을 본 「주음자모방안」은 청나라 말 이후로 진행되었던 '절음자 운동'의 결과물이라 할 수 있다. 1912년 북경에서 「주음자모방안」의 채택이 제안되었고 1913년 교육부의 독음 통일회에서 논의를 거쳐 최종적으로 「주음자모방안」이 채택되었다. 이 방안은 정국의 혼란으로 말미암아 제대로 시행되지 못하다가, 1918년에 이르러서야 비로소 교육부의 공포를 거쳐 1959년 「한어병음방안」이 공포되기 전까지 중국 전역에서 시행되었다. 이 방안은 지금까지도 대만지역에서 계속 사용되고 있으며, 1930년 전국교육회의에서 '주음자모'가 '주음부호'라는 이름으로 바뀌었을 뿐이다. 주음자모 체계는 24개의 자음과 3개의 개모음(介母音), 12개의 모음 등 39개의 부호로 구성되어 있으며, 모두 필획이 극히 간단한 한자에서 부호를 가져온 한자형식의 표음부호체계이다.

●18_04. '노당장(盧戇章)의 「일목요연초계(一目了然初階)」에 실린 라틴 자모 노래[拉丁字母兒歌]'

4. 중국어 로마자 운동

이는 1925년부터 1926년에 걸쳐 (중)국어통일 주비위원회에서 제정하여 1928년 국민당 정부에서 공포한 방안이다. '주음자모'가 공포되기 전 호적과 진독수 등은 5·4운동을 전후로 해 문학혁명의 기치를 높이 내걸고 문언문(文言文)의 타파와 백화문(白話文) 제창을 통해 어문개혁의 실행을 주장하는 과정에서 한자의 개혁 문제를 제시하게 된다.

1923년에 『국어월간』은 한자개혁 특집호를 마련하여 한자 개혁운동에 관련된 전현동(錢玄同)의 「한자혁명」,

채원배(蔡元培)의 「문자개혁설」, 여금희(黎錦熙)의 「한자혁명군 전진의 넓은 길[漢字革命軍前進的一條大路]」, 조원임(趙元任)의 「(중)국어로마자의 연구」 등의 글이 실렸다. 특히 조원임은 중국어 로마자 제정을 위한 25가지의 원칙과 함께 중국어 로마자 방안의 초안을 제시하기도 했다.

1923년 전현동이 (중)국어통일 주비위원회에서 「중국어 로마자 방안」을 확정하여 주음부호와 함께 병용할 수 있도록 요구했다. 그 결과 1926년 중국어로마자 병음연구위원회에서 방안을 확정하였으며 국민당 정부의 공포를 거쳐 '(중)국어 주음자모의 제2방식'으로 채택되었다.

중국어 로마자는 청말 이후 계속된 한자 개혁운동 중 표음문자방안에 가장 근접한 방안으로 평가되기도 하지만, 방안이 공포되고 나서 실제 만족할 만한 보급 효과를 얻는 데는 실패하고 말았다. 하지만, 이러한 로마자 방안은 신 중국이 성립되고서 계승 발전하여 「한어병음방안」으로 결실을 보게 된다.

●18_05. 「주음자모방안」 제1식(왼쪽)과 '중국어 로마자(國語羅馬字) 방안'(오른쪽).
'중국어 로마자(國語羅馬字) 방안'은 국어(國語) 추진과 주음(注音) 제공용으로 제정한 알파벳 방안으로, '국어주음자모 제2식(國語注音字母第二式)'이라 불리기도 한다. 1925~1926년, 국어통일주비회(國語統一籌備會)의 '국어로마자병음연구회'의 전현동(錢玄同), 여금희(黎錦熙), 조원임(趙元任), 임어당(林語堂) 등이 제정에 참여했으며, 1928년 중화민국 정부에 의해 공표되었다.

国语注音符号第一式	威妥玛拼音	国语注音符号第二式	耶鲁拼音	法国远东学院拼音	德国式拼音	华语通用拼音	汉语拼音方案	国语罗马字			
								第一声	第二声	第三声	第四声
ㄚ	a	a	a	a	a	a	a	a	ar	aa	ah
ㄞ	ai	ai	ai	ngai	ai	ai	ai	ai	air	ae	ay
ㄢ	an	an	an	ngan	an	an	an	an	arn	aan	ann
ㄤ	ang	ang	ang	ngang	ang	ang	ang	ang	arng	aang	anq
ㄠ	ao	au	au	ngao	au	au	ao	au	aur	ao	aw
ㄓㄚ	cha	ja	ja	tcha	dscha	jha	zha	ja	jar	jaa	jah
ㄔㄚ	ch'a	cha	cha	tch'a	tcha	cha	cha	cha	char	chaa	chah
ㄓㄞ	chai	jai	jai	tchai	dschai	jhai	zhai	jai	jair	jae	jay
ㄔㄞ	ch'ai	chai	chai	tch'ai	tchai	chai	chai	chai	chair	chae	chay
ㄓㄢ	chan	jan	jan	tcha	dscha	jhan	zhan	jan	jarn	jaan	jann
ㄔㄢ	ch'an	chan	chan	tch'an	tschan	chan	chan	chan	charn	chaan	chann
ㄓㄤ	chang	jang	jang	tchang	dschang	jhang	zhang	jang	jarng	jaang	janq
ㄔㄤ	ch'ang	chang	chang	tch'ang	tschang	chang	chang	chang	charng	chaang	chanq
ㄓㄠ	chao	jau	jau	tchao	dschau	jhao	zhao	jau	jaur	jao	jaw
ㄔㄠ	ch'ao	chau	chau	tch'ao	tschau	chao	chao	chau	chaur	chao	chaw
ㄓㄜ	che	je	je	tchö	dschö	jhe	zhe	je	jer	jee	jeh
ㄔㄜ	ch'e	che	che	tch'ö	tschö	che	che	che	cher	chee	cheh
ㄓㄟ	chei	jei	jei	tchei	dsche	jhei	zhei	jei	jeir	jeei	jey
ㄓㄣ	chen	jen	jen	tchen	dschën	jhen	zhen	jen	jern	jeen	jenn
ㄔㄣ	ch'en	chen	chen	tch'en	tschën	chen	chen	chen	chern	cheen	chenn
ㄓㄥ	cheng	jeng	jeng	tcheng	dschëng	jheng	zheng	jeng	jerng	jeeng	jenq
ㄔㄥ	ch'eng	cheng	cheng	tch'eng	tschëng	cheng	cheng	cheng	cherng	cheeng	chenq
ㄐㄧ	chi	ji	ji	ki/tsi	dji	ji	ji	ji	jyi	jii	jih
ㄑㄧ	ch'i	chi	chi	k'i/ts'i	tji	ci	qi	chi	chyi	chii	chih
ㄐㄧㄚ	chia	jia	jya	kia	djia	jia	jia	jia	jya	jea	jiah
ㄑㄧㄚ	ch'ia	chia	chya	k'ia	tjia	cia	qia	chia	chya	chea	chiah
ㄐㄧㄤ	chiang	jiang	jyang	kiang	djiang	jiang	jiang	jiang	jyang	jeang	jianq
ㄑㄧㄤ	ch'iang	chiang	chyang	k'iang/ts'iang	tjiang	ciang	qiang	chiang	chyang	cheang	chianq
ㄐㄧㄠ	chiao	jiau	jyau	kiao/tsiao/kio/tsio	djiau	jiao	jiao	jiau	jyau	jeau	jiaw
ㄑㄧㄠ	ch'iao	chiau	chyau	k'iao/ts'iao	tjiau	ciao	qiao	chiau	chyau	cheau	chiaw

●18_06. '각종 병음(拼音) 대조표'. 국어주음부호(國語注音符號) 제1식(대만), 주음부호 제2식(대만), 한어병음방안(漢語拼音方案)(중국), 웨이드식 병음[威妥瑪拼音], 예일대학식 병음[耶魯拼音], 프랑스 원동학원식 병음[法國遠東學院拼音], 독일식 병음[德國式拼音], 화어통용병음(華語通用拼音)(대만), 국어로마자(대만). http://www.360docs.net/doc/info-90e991fe0c22590103029d23.html

사진으로 떠나는 한자 역사 기행

19

신 중국과 간화자

19 신 중국과 간화자

줄곧 세계의 중심으로 살면서, 영원한 제국일 것 같았던 중국에게 1842년 아편전쟁의 패배가 가져다 준 충격은 이루 말로 표현할 수 없었다. 상상할 수도 없는 일이 눈앞에 펼쳐지기 시작했다. 오랑캐 축에도 들지 못한다 생각했던 '양이(洋夷)', 양놈들이 북경 한복판까지 들어와 마음대로 유린하고 나라를 제멋대로 나누어 먹기 시작했던 것이다.

중국의 지식인들은 중국의 실패 원인을 곰곰이 살피기 시작했다. 아니 서구가 이렇게 힘을 가지게 된 원인이 무엇인가를 연구했다고 해야 할 것이다.

그들이 찾아낸 답은 바로 '민주(民主)'와 '과학(科學)'이었다. 이는 1919년 전국적으로 일어난 5.4운동 때의 구호이기도 하다. 서구가 갖고 있지만 중국이 갖고 있지 못한 것, '민주와 과학', 이것을 따라잡기 위해서는 어떻게 해야 할 것인가?

●19_01. 1951년 12월의 중국문자개혁연구위원회(中國文字改革研究委員會). 마서륜(馬敍倫) 주임과 오옥장(吳玉章) 부주임, 정서림(丁西林), 호유지(胡愈之), 여금희(黎錦熙), 나상배(羅常培), 왕력(王力), 위각(韋愨), 육지위(陸志韋), 임한달(林漢達), 섭뢰사(葉籟士), 예해서(倪海曙), 여숙상(呂叔湘), 주유광(周有光) 등 12명으로 구성되었다. 왼쪽 두번째가 마서륜(馬敍倫), 오른쪽 두번째가 오옥장(吳玉章), 그 옆이 왕력(王力)이다.

민주는 국민 모두가 권력을 가지고 그 권력을 스스로 행사하는 제도로, 국민 모두의 자유와 평등과 다수결 등을 기본 정신으로 삼는다. 이에 반해 청나라를 포함한 중국의 역대 왕조는 왕을 정점으로 하고, 나머지는 왕에게 봉사하는 구조로 되었다. 서구의 민주주의가 횡적 평등 사회구조라면 중국의 봉건사상은 종적 복종적 사회구조였던 것이다. 이것을 가능하게 했던 가장 주된 원흉이 '유가(儒家)사상'이라고 생각했다.

●19_02. 「한자간화방안」.

다른 한편, 과학의 발달은 지식의 보급과 관련되어 있다. 서구는 알파벳 문자를 사용하는 바람에 모두가 쉽게 문자를 익히고 그것으로 기록된 체계적 지식을 빨리 습득하였으며, 이를 통해 보편적인 진리나 법칙의 발견에 노력하여 과학의 발달을 이루어냈다고 여겼던 것이다. 이에 반해 중국은 한자를 사용하는데, 한자는 너무 어렵고 사용 글자도 많으며 고급 학문일수록 어려운 한자를 즐겨 썼다. 그런 바람에 평생해도 한자와 한문을 제대로 습득하지 못하는 사람이 많아, 지식의 보급과 이를 통한 과학의 보편화를 실현할 수가 없었다. 그래서 쉽게 나올 수 있는 이야기가 '한자'를 폐지하고 알파벳을 쓰자는 것이었다.

이런 배경으로 평등사회와 민주를 제약하는 유가사상, 그중에서도 발신지인 공자(孔子), 그리고 체계적인 지식의 보급을 제한하는 한자(漢字), 이 두 가지가 우선 타도의 대상이 되었던 것이다. '한자가 죽어야 중국의 미래가 있다'거나 '공자 타도' 등이 모두 이러한 배경에서 나왔다.

그러나 이의 해결 방안에 대해서는 보수와 진보의 두 진영으로 나뉘었다. 보수진영은 전통을 버릴게 아니라 현대에 맞도록 고쳐서 쓰자는 것이었고, 진보진영은 아예 한자를 버리고 타도해야 한다고 했다. 이러한 논쟁이 계속되는 속에서, 진보진영의 중국공산당이 1949년 정권을 잡게 된다.

그들이 정권을 잡자마자 유가사상과 한자에 대한 타도는 빠른 속도로 진행되었다. 특히 유가사상은 마르크스주의와 대척되는 것이었기에 더 말할 필요도 없었다. 1949년 10월 신 중국이 성립되자마자 한자를 폐지하고 알파벳으로 대체하기 위해 '중국문자개혁협회'가 설치되었고, 그 아래 '병음

●19_03. '중국사회과학원'(中國社會科學院, Chinese Academy of Social Sciences, CASS). 중국 국무원 직속의 중국 최고 싱크탱크이다. 1955년 성립한 중국과학원 철학사회과학부를 기반으로 하여 1977년 5월 중국사회과학원으로 출범했다. 마르크스주의의 기지 건설, 중국 철학 사회과학 연구의 최고 전당, 중국 공산당 최고의 싱크탱크 등을 지향하고 있다. 2016년 11월 현재, 6개 대학부, 40여개의 연구소를 거느리고 있으며, 총 4,200여 명의 학자들이 소속되어 있다.

방안연구위원회'가 꾸려져 한자의 병음 방안을 연구하기 시작했다. 한자의 개혁이 얼마나 시급한 일이었는지를 보여주는 대목이다.

그리고 불과 3개월 뒤인 1950년 1월에 '중국문자개혁위원회 준비위원회'가 정식으로 성립하여 전반적인 한자 개혁에 착수하게 된다. 당시 설정했던 주요 목표는 세 가지였는데, ① 한자의 간화(簡化), ② 한자의 병음화(拼音化), ③ 규범한자의 사용 등이었다.

1. 한자의 간화(簡化) 운동

1954년 10월에는 주은래(周恩來) 총리에 의해 '중국문자개혁위원회(中國文字改革委員會)'로 이름을 바꾸어 국무원 직속기구로 개편되었다. 게다가 1956년 모택동(毛澤東)은 "한자는 반드시 개혁해야 하며, 세계 문자가 공통으로

걷고 있는 알파벳화로 가야 한다(文字必須改革, 要走世界文字共同的拼音方向)."라고 선언했다. 당시의 절대 권력이었던 모택동의 이 말은 그야말로 '어록'이어서, 그에 따른 후속 조치들이 급속하게 진행되었다.

그 결과 1956년에는 '한자간화 방안'이 발표되었고, 1964년에는 '제1차 한자간화 총표'가 발표되었다. 그리고 문화대혁명 가간인 1975년에는 중국문자개혁위원회에서 '제1차 간화방안'보다 훨씬 더 간화된 '제2차 한자간화 방안(초안)'을 만들어 1977년 12월 공표했다.

1956년 공표된 「한자간화 방안」은 모두 세 부분으로 구성되었다. ① 하나는 「한자간화 제1표」로 230자의 간화자를 수록하였으며, ② 두 번째는 「한자간화 제2표」로 285개의 간화자를 수록하였으며, ③ 세 번째는 「한자편방간화표」로 54개의 간화된 편방을 수록하였다. 「한자간화 제1표」에 수록된 간화자는 그간 많은 출판물에서 보편적으로 사용해 오던 간화자로, 이후 모든

●19_04. '간화자 총표'. 1964년 중국문자개혁위원회에서 공포했던 것을 약간의 수정을 거쳐 1986년 10월 국가언어공작위원회에서 공포하였다. 모두 3개의 표로 되어 있는데, 제1표는 편방으로 쓰이지 않는 간화자 352자를, 제2표는 편방으로 쓰일 수 있는 간화자 132자와 간화편방 14개를, 제3표에서는 편방의 간화를 유추하여 만든 간화자 1,754자를 수록하였다.

简化字总表
(1986年新版)

第一表
不作简化偏旁用的简化字

本表共收简化字350个，按读音的拼音字母顺序排列。本表的简化字都不得作简化偏旁使用。

A		C		D
碍〔礙〕	报〔報〕		称〔稱〕	
肮〔骯〕	币〔幣〕	才〔纔〕	惩〔懲〕	担〔擔〕
袄〔襖〕	毙〔斃〕	蚕〔蠶〕①	迟〔遲〕	胆〔膽〕
	标〔標〕		冲〔衝〕	导〔導〕
B	表〔錶〕	衬〔襯〕	丑〔醜〕	灯〔燈〕
	别〔彆〕		础〔礎〕	邓〔鄧〕
坝〔壩〕	卜〔蔔〕	后〔後〕	处〔處〕	敌〔敵〕
板〔闆〕	补〔補〕		触〔觸〕	籴〔糴〕
办〔辦〕		厂〔廠〕	辞〔辭〕	递〔遞〕
帮〔幫〕		彻〔徹〕	聪〔聰〕	点〔點〕
宝〔寶〕		尘〔塵〕	丛〔叢〕	淀〔澱〕
电〔電〕			家〔傢〕	剁〔鬬〕
冬〔鼕〕		G	价〔價〕	据〔據〕
斗〔鬥〕		盖〔蓋〕	艰〔艱〕	惧〔懼〕
独〔獨〕		干〔乾〕①	歼〔殲〕	卷〔捲〕
吨〔噸〕		〔幹〕	茧〔繭〕	
夺〔奪〕		赶〔趕〕	拣〔揀〕	K
堕〔墮〕		个〔個〕	硷〔鹼〕	开〔開〕
		巩〔鞏〕	舰〔艦〕	克〔剋〕
E		沟〔溝〕	姜〔薑〕	垦〔墾〕
儿〔兒〕		构〔構〕	浆〔漿〕④	恳〔懇〕
		购〔購〕	桨〔槳〕	夸〔誇〕
F		谷〔穀〕	奖〔獎〕	块〔塊〕
矾〔礬〕		顾〔顧〕	讲〔講〕	亏〔虧〕
范〔範〕		刮〔颳〕	酱〔醬〕	困〔睏〕
飞〔飛〕		关〔關〕	胶〔膠〕	
坟〔墳〕		观〔觀〕	阶〔階〕	L
奋〔奮〕		柜〔櫃〕	疗〔療〕	腊〔臘〕
粪〔糞〕			J	蜡〔蠟〕
凤〔鳳〕		H	击〔擊〕	兰〔蘭〕
肤〔膚〕		汉〔漢〕	鸡〔雞〕	拦〔攔〕
妇〔婦〕		号〔號〕	积〔積〕	栏〔欄〕
复〔復〕		合〔閤〕	极〔極〕	烂〔爛〕
〔複〕		轰〔轟〕	际〔際〕	累〔纍〕
			继〔繼〕	
			旧〔舊〕	

其中出现的还有: 别〔彆〕 迁〔褼〕 后〔後〕 胡〔鬍〕 壶〔壺〕 沪〔滬〕 护〔護〕 划〔劃〕 怀〔懷〕 坏〔壞〕② 欢〔歡〕 环〔環〕 还〔還〕 回〔迴〕 伙〔夥〕③ 获〔獲〕 获〔穫〕 洁〔潔〕 借〔藉〕⑤ 仅〔僅〕 惊〔驚〕 竞〔競〕

인쇄 출판물에서 통용할 것을 명시했다. 「한자간화 제2표」와 「한자편방간화표」는 시행의 신중을 기하고자 우선 공표하고 시범 사용 기간을 거친 뒤 정식으로 시행하도록 배려했다.

이러한 「한자간화방안」의 효과적 시행을 위해 1964년 5월에는 문자개혁위원회에서 편집한 「간화자총표」가 출판되었는데, 이에는 다음과 같은 것들이 포함되었다. ①편방으로 쓰이지 않는 352개의 간화자표, ②편방으로 쓸 수 있는 132개의 간화자와 14개의 간화된 편방표, ③두 번째 표에서의 간화자와 간화된 편방을 합쳐서 만든 1,754개의 간화자표 등이다. 여기에 제시된 총 글자 수는 2,238자이며, 이는 2,264자의 번체자로부터 간화된 것이다. 이렇게 간화를 거친 후 한자의 필획은 많이 줄어들었다. 예컨대 「간화자총표」의 첫 번째 표와 두 번째 표의 번체자의 평균 필획 수가 16획인데 반해 간화자의 평균 필획 수는 8획에 지나지 않았으며, 세 번째 표는 번체자 평균 필획 수가 19획인데 반해 간화 후에는 11획으로 줄었다.

1965년 12월에는 문화부와 문자개혁위원회가 공동으로 「인쇄통용 한자자형표」를 발표하였다. 이에는 인쇄 자형의 통일을 위한 6,196자가 수록되었으며, 필획의 모양과 위치, 필획 수, 필획의 순서 등을 규정함으로써 한자의 형체 통일과 규범적 사용을 가능하게 해 주었다.

이와 호응이라도 하듯, 한자 정리에도 박차를 가했다. 1955년 12월에는 문자개혁위원회와 문화부가 공동으로 「제1차 이체자 정리표」를 공표하여 신문 출판업계에서 먼저 사용하도록 했다. 여기에는 이체자 810세트를 포함한 1,865자가 수록되어 있었으며, 이 표에 의해 도태된 중복 이체자는 1,055자나 되었다. 문자사용의 혼란을 조성하고 곤란을 증가시킨 이체자의 도태는 한자의 획수를 감소시켰으며 통일된 표준 글자를 확보함으로써 출판이나 문화교육 사업에 많은 편의를 가져다주었다. 이 밖에도 1956년 1월 1일부터 모든 신문과 잡지 등 정기 간행물에 가로쓰기가 시행되었으며, 다른 도서들도 점점 가로쓰기 조판을 시작했다.

하지만, 1966년 문화대혁명이 시작되면서 문자개혁도 상당한 타격을 입어 별다른 진척이 없다가 문화대혁명이 끝난 1976년 이후에야 비로소 정상적으로 회복되어 갔다. 1975년 중국문자개혁위원회는 「제1차 간화방안」보다 훨씬 더 간화된 「제2차 한자간화 방안(초안)」을 만들어 1977년 12월 공표했다. 이에는 제1표에 해당하는 248자와 제2표에 해당하는 605자를 합친 853자가 포함되어 있는데, 제1표에 해당하는 간화자는 공표 당일부터 전국적으로 사용할 것을 규정하였다. 하지만 「제2차 한자간화 방안(초안)」은 글자를 지나치게 간단하게 만든 바람에 대중성을 확보하지 못하였는데, 1978년부터는 당 기관지인 『인민일보』에서조차 이의 사용을 금지할 정도였다. 이로부터 「제2차 간화방안」의 수정에 대한 논의가 본격적으로 이루어졌고, 급기야 1986년 6월 24일 이의 폐기를 공식적으로 선언하였다.

「제2차 간화방안」에서는 '집'을 뜻하는 가(家)는 원래 아래층에 돼지[豕]가 살고 위층에 사람이 사는 고대사회의 가옥[宀] 구조를 말했는데, 지금은 사람만이 산다고 해서 면(宀)과 인(人)으로 구성된 상하구조로 고쳤다. 또 '술'을 뜻하는 주(酒)는 술통[酉]과 물[水]을 그려 통속에 든 것이 술임을 그렸는데, 수(水)와 독음인 구(九)를 넣어 주(氿)로 고쳤다. 그리고 '요리'나 '채소'를 뜻하는 채(菜)는 아랫부분의 채(采)를 독음이 같은 재(才)로 바꾸어 채(艿)로 그렸으며, 유(儒)는 오른쪽의 수(需)를 독음을 나타내는 입(入)으로 대신하여 유(仈)로 고쳤다. 그래도 이런 글자들은 이해가 가는 경우이다.

그러나 '펼치다'는 뜻의 전(展)을 전(尸)으로, '먹다'는 뜻의 식(食)을 식(仐)으로, 출(出)을 출(屮)로 고쳤는데, 이들은 한자라고도 할 수 없을 정도로 이해할 수 없는 것들이었다. 그러나 이들이 영원히 갈 것이 아니라 어차피 알파벳 문자로 가는 중간 단계라 설정했다면 일견 이해될 수는 있다.

이의 후속조치로 1986년 10월 10일 다시 「간화자 총표」를 발표하게 되는데, 이는 1964년 「간화자 총표」가 처음 출간된 이후 노출되었던 몇몇 문제를 수용하여 조금 고친 것이었다.

●19_05. 「제2차 간화 방안」

1983년 7월에는 중국문자개혁위원회와 문화부 출판국이 연합으로 '통일 한자의 부수 배열과 검색법 초안'을 만들어 한자의 부수배열과 검색법을 통일하고 201개의 부수를 확정했다. 1985년 12월 16일 '중국문자개혁위원회'는 '국가언어문자공작위원회'로 이름이 바뀌었다.

1986년 1월 6일에는 국가교육위원회와 국가 언어문자공작위원회가 연합으로 북경에서 전국 언어문자공작회의를 개최했다. 여기에서는 신 중국 성립 이후, 특히 1955년에 성립된 전국문 자개혁회의 이후의 중국 문자개혁에 대해 전면 적이고도 총체적인 반성과 회고가 이루어지는 한편 현대화 건설과 정보화 시대를 맞이한 향 후의 언어문자정책 방향이 확정되었다.

또한 그간 이루어진 문자개혁의 완성에는 장기적인 시간이 필요하고, 어렵고 복잡하며 분 량도 방대한 문제임에도 이를 충분히 인식하지 못하고서 「제2차 간화방안(초안)」과 같은 비과학 적이며 정책적 성과만을 급하게 구하려 했던 실책도 인정했다. 아울러 그동안 학술적인 일을

●19_06. '제2차 간화 방안' 폐지 공고문.
'제2차 간화 방안'은 이미 1986년 폐지되었으므로, 더 이상 사용하지 말고 국가의 언어문자규범을 준수해 달라고 호소하고 있다.

지나치게 행정적인 일로 간주하려는 경향도 있었으며, 그 결과 학술적인 면의 진보를 방해하였다는 점도 함께 지적되었다. 어쨌든 이를 계기로 한자의 간화 작업이 당분간은 속도가 조절될 것이리라는 점을 표명한 셈이다. 이는 어떤 의미에서든 신 중국 성립 이후 중요한 국가사업이었던 문자개혁 정책의 오류를 공식적으로 시인한 것이며, 이는 한자의 간화를 중지한다는 선언과 다름 아니었다.

오늘날 개혁 개방의 바람을 타고 불어 닥친 대만과 홍콩 식 한자, 그리고 한국과 일본 등 세계화의 영향 속 에 번체자가 영향을 발휘하고, 그 탓에 일부분이긴 하지만 번체자가 회복되고 있는 점을 고려한다면 처음 생각 했던 한자의 폐기와 이를 대신해 표음문자를 채택하겠다는 계획은 지나친 급진적 정책이었을 뿐만 아니라 한자 의 특성을 제대로 고려하지 못한 경솔한 정책이었다고 볼 수 있다.

汉语拼音方案

(1957年11月1日国务院全体会议第60次会议通过)
(1958年2月11日第一届全国人民代表大会第五次会议批准)

一、字母表

字母	Aa	Bb	Cc	Dd	Ee	Ff	Gg	Hh	Ii	Jj	Kk	Ll	Mm	Nn
名称	ㄚ	ㄅㄝ	ㄘㄝ	ㄉㄝ	ㄜ	ㄝㄈ	ㄍㄝ	ㄏㄚ	ㄧ	ㄐㄧㄝ	ㄎㄝ	ㄝㄌ	ㄝㄇ	ㄋㄝ
	Oo	Pp	Qq	Rr	Ss	Tt	Uu	Vv	Ww	Xx	Yy	Zz		
	ㄛ	ㄆㄝ	ㄑㄧㄡ	ㄚㄦ	ㄝㄙ	ㄊㄝ	ㄨ	ㄪㄝ	ㄨㄚ	ㄒㄧ	ㄧㄚ	ㄗㄝ		

v只用来拼写外来语、少数民族语言和方言。　字母的手写体依照拉丁字母的一般书写习惯。

二、声母表

b	p	m	f	d	t	n	l	g	k	h
ㄅ玻	ㄆ坡	ㄇ摸	ㄈ佛	ㄉ得	ㄊ特	ㄋ讷	ㄌ勒	ㄍ哥	ㄎ科	ㄏ喝

j	q	x	zh	ch	sh	r	z	c	s
ㄐ基	ㄑ欺	ㄒ希	ㄓ知	ㄔ蚩	ㄕ诗	ㄖ日	ㄗ资	ㄘ雌	ㄙ思

在给汉字注音的时候，为了使拼式简短，zh ch sh可以省作ẑ ĉ ŝ。

三、韵母表

	i ㄧ 衣	u ㄨ 乌	ü ㄩ 迂
a ㄚ 啊	ia ㄧㄚ 呀	ua ㄨㄚ 蛙	
o ㄛ 喔		uo ㄨㄛ 窝	
e ㄜ 鹅	ie ㄧㄝ 耶		üe ㄩㄝ 约
ai ㄞ 哀		uai ㄨㄞ 歪	
ei ㄟ 欸		uei ㄨㄟ 威	
ao ㄠ 熬	iao ㄧㄠ 腰		
ou ㄡ 欧	iou ㄧㄡ 忧		
an ㄢ 安	ian ㄧㄢ 烟	uan ㄨㄢ 弯	üan ㄩㄢ 冤
en ㄣ 恩	in ㄧㄣ 因	uen ㄨㄣ 温	ün ㄩㄣ 晕
ang ㄤ 昂	iang ㄧㄤ 央	uang ㄨㄤ 汪	
eng ㄥ 亨的韵母	ing ㄧㄥ 英	ueng ㄨㄥ 翁	
ong (ㄨㄥ) 轰的韵母	iong ㄩㄥ 雍		

(1) "知、蚩、诗、日、资、雌、思"等七个音节的韵母用i，即：知、蚩、诗、日、资、雌、思等字拼作zhi，chi，shi，ri，zi，ci，si。

(2) 韵母ㄦ写成er，用作韵尾的时候写成r。例如："儿童"拼作ertong，"花儿"拼作huar。

(3) 韵母ㄝ单用的时候写成ê。

(4) i 行的韵母，前面没有声母的时候，写成yi(衣)，ya(呀)，ye(耶)，yao(腰)，you(忧)，yan(烟)，yin(因)，yang(央)，ying(英)，yong(雍)。
u 行的韵母，前面没有声母的时候，写成wu(乌)，wa(蛙)，wo(窝)，wai(歪)，wei(威)，wan(弯)，wen(温)，wang(汪)，weng(翁)。
ü 行的韵母，前面没有声母的时候，写成yu(迂)，yue(约)，yuan(冤)，yun(晕)；ü上两点省略。
ü 行的韵母跟声母j，q，x拼的时候，写成ju(居)，qu(区)，xu(虚)，ü上两点也省略；但是跟声母n，l拼的时候，仍然写成nü(女)，lü(吕)。

(5) iou，uei，uen前面加声母的时候，写成iu，ui，un，例如niu(牛)，gui(归)，lun(论)。

(6) 在给汉字注音的时候，为了使拼式简短，ng可以省作ŋ。

四、声调符号

阴平	阳平	上声	去声
ˉ	ˊ	ˇ	ˋ

声调符号标在音节的主要母音上。轻声不标。例如：

妈mā	麻má	马mǎ	骂mà	吗ma
(阴平)	(阳平)	(上声)	(去声)	(轻声)

五、隔音符号

a，o，e开头的音节连接在其他音节后面的时候，如果音节的界限发生混淆，用隔音符号(')隔开，例如：pi'ao(皮袄)。

●19_07.「한어병음방안」.

2. 「한어병음방안」의 제정과 추진

청말 이래로 「한어병음방안(漢語倂音方案)」의 선택은 줄곧 한자의 표음화 논쟁의 주요 쟁점이 되어왔다. 신 중국 성립 이후 중국문자개혁위원회는 곧바로 '한어병음방안'의 연구에 착수하여 각계에서 제시된 600여 종의 방안과 신 중국 성립 이전에 존재했던 각종 방안들을 참고하여 「한어병음방안(초안)」을 만들어 1956년 2월에 공표했다. 이를 계기로 수차례의 의견수렴 과정을 거쳐 한어병음방안 심의 수정위원회의 노력으로 1957년 10월에 수정된 '초안'이 제출되었고 같은 해 11월에 공표되었으며, 이를 1958년 2월부터 전국적으로 시행하도록 했다.

또한 1977년 국제연합(UN)의 지명 표준회에서는 중국의 지명 표기에 한어병음 사용을 채택하였으며, 1982년에는 국제표준화조직(ISO)에서도 한어병음을 한어를 표기하는 국제적인 표준으로 채택함으로써 한어병음법이 국제사회에서 통용되는 중국어 발음표기법으로 확정되었다.

3. 표준어의 보급

민족공통어의 확정과 보급은 민족 언어의 통일이라는 중대한 사업일 뿐만 아니라 한 민족의 정치·경제·문화의 통일을 강화하는 중요한 역할을 하게 된다. 1950년대에 확정된 표준어 보급 정책에 근거하여 1986년 전국언어문자공작회의가 개최되기까지 전국적 규모의 표준어 연구반과 연수반을 개설하여 모두 2천여 명의 핵심인물들을 배출했으며, 5차례에 걸쳐 전국 표준어 교학 성적견학회의를 개최했다. 전국 1,800개 지점에서 한어 방언을 실지 조사하여 표준어 학습편람을 편찬하는 한편 각 지방에서는 치밀한 보급 작업이 이루어졌다. 현대화건설의 필요에 따라 1986년에는 전국언어문자공작회의에서는 새로이 완성해야 할 작업의 중점은 표준어의 추진과 보급에 치중되어야 할 것이며, 더욱 적극적이고도 단계적인 계획 하에 이를 실시해 20세기 이전에 표준어를 교학언어·공작언어·선전언어·교제언어로 만들어야 한다는 목표 달성의 의지를 천명했다.

●19_08. '중국사회과학원 언어연구소(http://ling.cass.cn) 홈페이지 메인화면'.
(2018년 01월 04일 검색)

20

중국의 소수민족 문자

20 중국의 소수민족 문자

현재 중국 내에는 총 56개 민족이 존재하고 있다. 그중 한족을 비롯한 이슬람족과 만주족 등 3개 민족이 한자를 사용하고 있으며, 이외 조선(朝鮮)족, 몽골[蒙古]족, 티베트[藏]족, 위구르[維吾爾]족, 카자흐[哈薩]족, 키르키즈[柯爾克孜]족, 이[彝]족, 다이[傣]족, 라후[拉祜]족, 징퍼[景頗]족, 시버[錫伯]족, 슬라브[俄羅斯]족 등 12개의 민족은 자기 자신들의 고유문자를 사용하고 있다. 이 밖에도 몇몇 민족들은 라틴 자모를 기초로 하여 새로이 창제한 알파벳 문자를 사용하고 있다. 이들 소수민족의 문자는 다음의 도표[그림 20_01]와 같다.

1949년 신 중국이 성립하기 전까지만 해도 22개 민족이 24종의 문자를 사용하였으나, 신 중국 성립 후 주앙[壯]족, 부농[布依]족, 먀오[苗]족, 동[侗]족, 하니[哈尼]족, 리수[傈僳]족, 와[佤]족, 리[黎]족, 나시[納西]족, 바이[白]족, 투[土]족, 야오[瑤]족 등 12개 민족을 비롯해 징퍼[景頗]족의 일부가 라틴문자를 기초로 한 새로운 병음문자를 사용하고 있다. 그래서 현재 중국 소수민족이 사용하는 문자 종류는 총 40개로 알려져 있다.(『바이두 백과사전』 참조)

그중 가장 특색 있는 문자가 '나시[納西]문자'이다. 운남성 서북부 여강(麗江) 일대에 살고 있는 나시족의 종교 지도자 동파(東巴)들이 사용하는 신성문자라고 해서 '동파 문자'라고도 불린다. 현존하는 세계최고의 상형문자이다. 지금까지 알려진 바로는 약 2,200여 개의 상형문자가 존재하는데, 약 1천년의 역사를 가진

민족	사용문자
한족	한자
이슬람[回] 족	한자
만주 족	한자
몽골 족	몽골 문자, 투어투이[托忒] 문자
티베트 족	티베트 문자
위구르 족	위구르 문자
카자흐 족	카자흐 문자
키르키즈 족	키르키즈 문자
조선 족	한글
먀오[苗] 족	신창제 귀주 동부지역 먀오 문자, 신창제 호남 서부지역 먀오 문자, 신창제 사천·귀주운남 지역 먀오 문자, 신창제 운남 동북지역 먀오 문자, 신창제 네모꼴 병음 먀오 문자
징퍼[景頗] 족	신창제 징퍼 문자, 신창제 자이와[載瓦] 문자
부이[布依] 족	신창제 부이 문자
하니[哈尼] 족	신창제 하니 문자
캄[侗] 족	신창제 캄 문자
투[土] 족	신창제 투 문자
다이[傣] 족	다이리[傣仂] 문자, 다이나[傣哪] 문자, 다이펑[傣棚] 문자, 금평(金平) 지역 다이 문자
주앙[壯] 족	신창제 주앙 문자, 네모꼴 주앙 문자
라후[拉祜] 족	라후 문자
시버[錫伯] 족	시버 문자
슬라브 족	슬라브 문자
야오[瑤] 족	신창제 야오 문자, 네모꼴 야오 문자
이[彝] 족	이 문자
리수[栗粟] 족	신창제 리수 문자, 대문자 알파벳 리수 문자, 죽서(竹書)
바이[白] 족	신창제 바이 문자, 네모꼴 바이 문자
와[佤] 족	신창제 와 문자, 옛 와 문자
리[黎] 족	신창제 리 문자
나시[納西] 족	신창제 나시 문자

●20_01. 중국소수민족 문자 사용표
(자료출처: 『중국대백과전서(언어문자)』 521쪽).

것으로 알려져 있다. 주로 종교 의식에 사용되는 경전의 기록에 사용되었는데, 약 1,500여 권이 전한다. 이러한 특이성과 가치가 인정되어 2003년에는 유네스코의 세계기록유산으로도 등재되었다.

●20_03. 나시족[納西族] 상형문자.
동파(東巴)문자라고도 하는데, 중국 운남성 여강(麗江) 지역에 사는 나시족이 사용하는 문자로 1,400여 자가 존재한다. 그 지역의 종교지도자를 '동파'라 하는데, 신임 동파가 '한국한자연구소'를 나시족 문자로 쓰고 있다.(2013년 여강 동파문화연구소)

●20_02. '동파문화연구소' 입석.
중국의 저명 철학자 임계유(任繼愈, 1916~2009)의 글씨이다.

●20_04. 나시족 동파 고대 문헌.
고대 나시족 동파 문헌 필사본으로, 2003년 세계의 기록유산으로 지정되었다.

또 수이[水]족의 '수이[水]문자'도 주목을 받고 있다. 중국의 귀주성, 광서성, 운남성, 강서성 등지에 분포하는 수이족은 2010년 현재 인구가 약 41만 명 정도인데, 자신의 고유 언어와 그림[圖畫]문자와 상형문자의 색채가 강한 고유 문자를 사용하고 있다.

●20_05. 수이[水]족 고문자 모음(중국 수이족 문화망, 바이두 캡처)과 '수이 문자'.

중국에 존재하는 각종 문자를 언어가 속한 어족(語族)에 따라 분류하면 다음과 같다. (1)중국어-티베트 어족이네, 이는 다시 ①한어 계열, ②주앙-다이(壯傣, Zhuang-Dai)어 계열, ③티베트-미얀마[藏緬]어 계열, ④먀오-야오(苗瑤, Miao-Yao)어 계열로 나뉜다. 나머지는 (2)알타이 어족, (3)인도-유럽어족, (4)어족 미상 등으로 구분할 수 있으며, 구체적인 구분은 다음의 표와 같다.

1_어족(語族)에 의한 분류

(1) 중국어-티베트 어족	① 한어 계열	한자(주음자모도 포함)·호남성 강영(江永) 지역의 부녀(婦女) 문자(달리 여서(女書)라고도 함)
	② 주앙-다이(壯傣, Zhuang-Dai)어 계열	주앙 문자·부이 문자·동[侗] 문자·수이 문자·나시 문자
	③ 티베트-미얀마[藏緬]어 계열	바이 문자·하니 문자·이 문자·리수 문자·서하 문자
	④ 먀오-야오(苗瑤, Miao-Yao)어 계열	먀오 문자
(2) 알타이 어족		거란 대문자·거란 소문자·여진 문자
(3) 인도-유럽어족		소그디아나 문자·토카라 문자·구자 문자
(4) 어족 미상		쯔놈[字喃](베트남 한자)·일본 문자·한국의 일부 문자(이두, 향찰 등)

●20_06. '중국 소수민족의 문자 분류(어족)'.

또 이들 문자는 문자 체계에 따라 나눌 수도 있는데, 다음과 같이 분류된다. 먼저, 비(非)표음문자로, 이는 다시 ①그림문자, ②상형문자, ③해서화 된 한자의 영향으로 창제된 회의·형성문자, ④음절문자 등르로 나눌 수 있다. 둘째, 표음문자로 이는 다시 ①티베트·파스파·다이·코탄(Khotan)·토카라 문자, ②소그디아나·회골(이전의 위구르)·몽골·만주·시버 문자, ③챠가타이·위구르·카자흐·키르키즈 문자, ④돌궐(튀르크) 문자, ⑤한국 문자(한글)·거란 소문자·네모꼴 먀오 문자, ⑥러시아 문자, ⑦라틴 자모 형식의 문자 등으로 세분할 수 있다. 구체적 분류는 다음의 표와 같다.

2_문자체계에 의한 분류

비(非)표음문자	(1) 그림문자	① 동파(東巴) 그림문자(운남성 거주 나시 족이 사용하는 문자의 일부) ② 이수사바[爾蘇沙巴] 그림문자(사천성 량산 이 족 자치구에서 사용되는 문자)
	(2) 상형문자	① 운남성 거주 나시족의 상형문자 ② 귀주성 거주 수이족의 수이 문자 중의 대부분 문자
	(3) 해서화 된 한자의 영향으로 창제된 회의·형성문자	① 거란 대문자·서하 문자·여진 문자 등(한자의 영향을 받긴 했으나 한자의 차용이 그렇게 많지 않고 자신의 특징을 보유하고 있음) ② 네모꼴 주앙 문자·네모꼴 바이 문자, 네모꼴 야오 문자 등(한자의 음독이나 훈독을 대량으로 사용하거나 한자의 형성법을 차용함)

	(4) 음절문자	① 이 문자 ② 거바[哥巴] 문자(나시족의 문자) ③ 리수 족의 죽서(운남성 적경 티베트 족 자치구의 유서현 일부 지역에서 사용됨)
표음 문자	(1) 티베트·파스파· 다이·코탄(Khotan)· 토카라 문자	이들은 모두 산스크리트 문자의 직·간접적 영향 하에서 만들어진 것이다. 이중 티베트 문자는 7세기경 산스크리트 문자에 근거하여 제정되었으며 30개의 자음과 4개의 모음으로 구성되어 있다. 또 파스파 문자는 티베트 문자에 근거하여 제정 되었으며 57개의 자음과 7개의 모음으로 구성되어 있다.
	(2) 소그디아나·회골 (이전의 위구르)·몽 골·만주·시버 문자	이들은 모두 이란 문자 계통의 영향에 의해 제정된 것들이다. 소그디아나 문자는 이란 문자에 근거했으며, 회골 문자는 소그디아나 문자를 참고하였고, 몽골 문자 는 다시 회골 문자를 참고하였으며, 만주 문자는 몽골 문자를 참고하여 제정하였 다. 그리고 시버 문자는 만주 문자의 연장이라 할 수 있다.
	(3) 챠가타이·위구르 ·카자흐·키르키즈 문자	이들은 모두 아라비아 문자를 기초로 하여 제정된 것들이다.
	(4) 돌궐(튀르크) 문자	이는 13세기 말부터 제1차 세계대전 이전까지 중동지방에서 강력한 세력을 구축 하였던 오스만 제국에서 사용되었던 공식문자이자 중앙아시아 전역에 산재해 있 던 튀르크 족의 통용문자이기도 하다. 1922년 케말-파샤의 혁명으로 오스만 제국 이 멸망하고 튀르크 공화국이 수립되면서 1928년 문자개혁을 통해 이 문자가 폐 기되고 라틴문자가 채용되었다.
	(5) 한국 문자(한글)· 거란 소문자·네모꼴 먀오 문자	이들은 한자의 영향에서 발생한 문자이다. 물론 한국문자의 기원에 관해서는 의 견이 분분하다. 서구에서는 주로 파스파 문자 계열에서 근거했다는 설이 지배적 이나 동양에서는 한자를 비롯한 주변 국가들의 여러 문자를 종합적으로 참고한 것으로 보고 있다. 한국 문자의 제정에 대한 여러 학설에 대해서는 더욱 깊은 연 구가 필요하다.
	(6) 러시아 문자	이는 신강 등지에 거주하는 러시아 족들이 사용하는 문자이다.
	(7) 라틴 자모 형식의 문자	이에는 라후·징퍼·와 문자 등이 있는데, 이들은 모두 문자개혁에 의해 라틴 자 모로 개정하여 사용하고 있다.

●20_07. '중국 소수민족의 문자 분류(문자체계)'.

●20_08. 북경의 '중화민족원(中華民族園)'.
중국의 55개 소수 민족의 생활상을 재현해 놓은 곳으로, 소수민족 거주지를 직접 가지 않고도 간접 체험을 할 수 있는 유용한 곳이다.

公厕
WC

侗寨
Dong Nationality Village

赫哲族
Hezhen Nationality
Landscape Area

布依寨
Bouyei Nationality Village

鼓楼
Drum Tower

达斡尔族
Daur Nationality
Landscape Area

鄂伦春族
Oroqen Nationality
Landscape Area

土林
Earth Forest

西大门
West Gate

花桥
Bridal Sedan Chair

鄂温克族
Ewenki Nationality
Landscape Area

公厕
WC

彝寨
Yi Nationality
Village

苗寨
Miao Nationality Village

佤寨
Va Nationality Village

竞技场
Arena

朝鲜族民居
Korean Nationality
Residence

景颇寨
Jingpo Nationality
Landscape Area

哈尼寨
Hani Nationality Village

溶洞入口
Entrance to the Cave

台湾九族村
Taiwan Nine
Nationalities Village

水上表演台
Aquatic Performance Stage

羌寨
Qiang Nationality Village

缅寺
Dai Monastery

曼飞龙塔
Manfeilong Pagoda

公厕 WC

傣寨
Dai Nationality Village

八角街
Bajiaojie

九寨沟瀑布
Jiuzhaigou Falls

贵宾接待室
Hall for Honoured Guest

大昭寺
Jokhong Monastery

售票处
Ticket Office

坛城
Mandala of Kalachakra

办公楼 Office Building

图腾柱
Totem Pole

康巴民居
Kamba Dwelling

南门商店 South Gate Store

中华民族园
Chinese Ethnic Culture Park

●20_09. 북경의
'중화민족원' 안내도.

●20_10. '중국문자박물관'.
갑골문의 출토지 하남성 안양(安陽)에 세워진 중국 최초의 문자전문 박물관이다.

●20_11. '중국문자박물관' 사이트 정보●

제목	중국문자박물관/中國文字博物館/National Museum of Chinese Writing (NMCW)
사이트	http://www.wzbwg.com
개요	• 세계최초로 문자를 주제로 한 박물관으로, 갑골문이 출토된 안양에 건립 • 2007년 11월 29일 착공하여, 2009년 11월 26일 개관 • 4개 층에 6개의 전시실, 1~5전시실에 한자의 모든 것을, 기획전시실에서는 특별 전시. • 상징 건물인 '자방(字坊)'은 높이가 18.8m, 너비 10m로 고대 한자의 자(字)를 본 딴 만듬.
주소	(455000) 하남성(河南省) 안양시(安陽市) 인민대도(人民大道) 동단(東段) 중국문자박물관 전화: 0372-2557558
입장정보	화~일요일 9:00~17:00, 무료.
교통	3번, 21번, 24번, 27번, 29번, 31번, 32번, 33번, 39번, 41번, 47번, 48번 버스로 동역[東站] 하차.
특징	전문박물관, 국가1급박물관
주요유물	「가백호(賈伯壺)」, 온현맹서(溫縣盟書)(11점), 거로문 간독(佉盧文簡牘)
참고사이트	https://baike.baidu.com/item/中國文字博物館

21

한국의 한자

21 한국의 한자

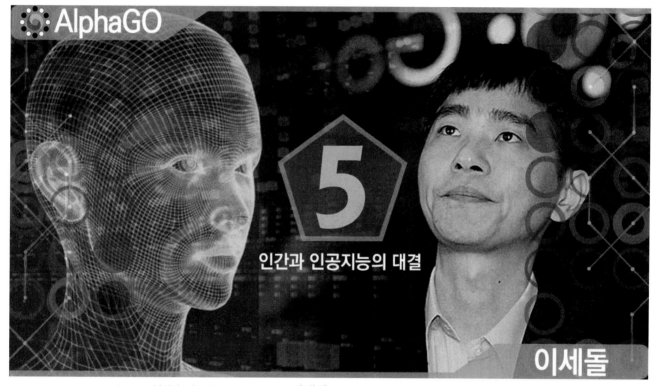

●21_01. '인간과 인공지능의 대결'. 이세돌(李世乭) vs 알파고 제5국-광고 모습(YTN, YouTube 캡처).

구글 딥 마인드 챌린지 매치(Google Deepmind Challenge match)는 2016년 3월 9일부터 15일까지 이세돌과 알파고(AlphaGo) 간에 벌어진 바둑 대국으로, 하루 한 차례 씩 총 5회에 걸쳐 서울의 포 시즌스 호텔에서 진행되었다. 최고의 바둑 인공지능 프로그램과 바둑의 최고 인간 실력자의 대결로 주목을 받았으며, 최종 결과는 알파고가 4승 1패로 승리함으로써, 인공지능(AI)의 시대가 왔음을 선언하였다. 이세돌은 한자로 '이세돌(李世乭)'로 쓰는데, 돌(乭)은 한국에서 만들어진 한국 고유한자이다. '돌'이라는 한국음을 표기하기 위해 만든 글자로, '돌'을 뜻하는 석(石)에다 '-ㄹ' 발음을 표기라는 '을(乙)'을 더해 만든 글자이다. 그러나 중국에서는 이 글자가 없어 '돌'이라 읽지 않고 자신들 습관대로 'shí'로 읽는다. 그리하여 '이세돌'은 중국인들에게 '이세돌'이 아니라 '리스스'이다. 한 인간의 고유이름이 자의적으로 바뀌고 만다. 한국과 일본 및 베트남에서 만들어진 한자를 중국에서 어떻게 읽을 것인지, 역으로 중국과 일본 등지의 한자를 한국에서는 어떻게 읽을 것인지, 즉 현지 음으로 읽을 것인지, 한국 한자음으로 읽을 것인지도 비슷한 문제이다.

1. 한자의 수입

중국의 한자가 언제, 어떤 경로를 통해 한반도에 유입되었는지는 분명하지 않다. 아마도 불교나 유가 문화 등 다른 문화의 유입과 마찬가지로, 대륙으로 연결된 한반도의 북방을 통해 남방으로 확산되었을 것이다. 즉 고조선을 통해 고구려와 백제, 신라 및 삼한 지역으로 확산되었으며, 이것이 다시 바다를 건너 일본으로 전파되었을 것으로 추정된다.

그러나 이와는 달리 남쪽의 삼한과 가야 및 백제 지역은 해로를 통해서도 전해졌을 가능성도 크다. 1988~1991년 경상남도 창원시(昌原市) 다호리(茶戶里)에서 한반도의 다른 지역에서는 볼 수 없었던 필사도구인 붓과 삭도 등이 발굴되었는데, 당시 한자가 이 지역에서 사용되었음을 말해 주는 중요한 유물이며, 지금까지 발견된 한자 관련 한반도 최초의 자료이다. 그래서 한자가 고구려를 통해 신라나 백제를 거쳐 가야로 전래한 것 이외에도 해로를 통해 직접 가야 지역으로 전해졌을 것임을 추측케 해준다.

●21_02. 한자문화권 한자 비교표.

여하튼 한반도에서는 기자(箕子) 조선을 차치하더라도 기원전 2세기 초 설치된 한사군(漢四郡)은 중국의 정치체제가 그대로 한반도에 이식되는 계기가 되었다. 이를 계기로 중국의 정치 문화 제도가 직접 한반도에 전해졌고, 적어도 이러한 과정을 통해 한자가 상당수 전래되었을 것으로 보인다.

특히 372년 고구려의 태학(太學) 설치와 백제의 박사(博士) 제도 운영 등은 사서오경(四書五經) 등의 보급과 유가 사상이 한반도에 완전히 정착하는 계기가 되었다. 유교는 불교가 보편화하기 전까지 주된 사상이었고, 또 조선에 들어서는 국가 통치 사상으로 기능하게 되었다. 이러한 과정을 통해 한자는 1446년 한글이 공표되기 전까지 한국의 유일한 문자로 자리 잡게 된다.

●21_03.
「광개토대왕비(廣開土大王碑)」(『문자』, 114쪽)
중국 길림성(吉林省) 집안현(集安縣)
통구(通溝)에 있는 고구려 제19대
광개토대왕의 능비(陵碑)이다. 높이는
6.39m로 한국 최대의 크기이며, 너비는
1.38~2m이고, 측면은 1.35m~1.46m로
불규칙하다. 비의 머리 부분은 경사져
있다. 대석(臺石)은 3.35×2.7m이다. 네 면에
걸쳐 1,775자가 새겨져 있는 것으로 통상
알려져 있으며, 150여자는 마멸이 심하여
판독이 어려운 상태이다. 내용은 세
부분으로 구성되었는데, 첫째 부분(제1면
1행~6행)은 고구려의 건국신화와
추모왕(鄒牟王=동명왕),
유류왕(儒留王=유리왕),
대주류왕(大朱留王=대무신왕) 등의
세계(世系)와 광개토왕의 행장(行狀)을
기록해 놓았다. 둘째 부분(제1면 7행~3면
8행)에는 광개토왕 때 이루어진 정복활동과
영토관리(만주 정복, 백제 정벌, 신라 구원,
동부여 및 숙신 정벌)에 대한 내용들을
연대순으로 기록해 놓았다. 셋째
부분(제3면 8행~4면 9행)은 능을 관리하는
수묘인(守墓人) 연호(煙戶)의 숫자와
차출방식, 수묘인의 매매금지에 대한
규정이다. 이는 당시 고구려를 둘러싼
중국과 일본과의 관계를 비롯해 고구려
수묘제(守墓制)의 실상과 수묘인의 신분 등
사회사를 연구하는데 매우 중요한
자료이다.(『두산백과』)

●21_04. '쌍계사(雙磎寺) 진감선사대공탑비(眞鑑禪師大空塔碑)'와 두전(頭篆).
통일신라, 887년. 국보 47호. 경남 하동군 화개면(花開面) 쌍계사 소재. 전체 높이
3.63m, 비신 높이 2.02m, 비신 폭 1m이다. 귀부(龜趺)와 이수(螭首)는 화강석,
비신은 검은 대리석으로 되어 있다. 최치원(崔致遠)의 사산비(四山碑)의 하나로서
당시의 대표적인 문인이었던 최치원이 비문을 짓고 직접 글씨를 쓴 것으로
유명한데, 특히 붓의 자연스런 흐름을 살려 생동감 있게 표현한 글씨는 최치원의
명성을 다시금 되새기게 할 만큼 뛰어나다.

물론 이두와 향가 등 한자를 변형시켜 한국식 한자가 사용되긴 했지만 이는 극소수에 한정되며 한자의 말류라 해야 할 것이다. 한자는 한국에서 사용되면서 한국적 생태 문화 환경과 언어 환경을 반영한 상당수의 한국고유한자도 만들어졌다.

2. 자각과 변용의 시기

외래문화가 진입하면 본토문화와 융합하여 새로운 형태의 변형이 이루어짐은 당연하다.

특히 한자를 빌려와 한국어를 표기하려는 시도는 언어 구조의 차이 때문에 많은 어려움과 불편함이 있었다. 즉 중국어-티베트 어족(Sino-Tibetan Languages, 漢藏語系)에 속하는 한어를 기반으로 한 한자는 우랄알타이 어족에 속하는 한국어를 표기하는 데는 분명한 한계가 있었다. 중국어가 고립어(孤立語, isolating language)인데 반해 한국어는 어근(語根)에 접사(接辭)가 결합되어 문장 내에서의 각 단어의 기능을 나타내는 교착어(膠着語, agglutinative language)라 여러 가지 다양한 조사가 필요했다. 또 격이나 시제 등과 관련한 접사가 다양하게 발달했으며, 어순도 기본적으로 "주어-목적어-동사"의 순을 유지하여 SOV(주어+동사+목적어)형의 통사구조를 가졌다.

한자라는 외래문자가 한반도에 유입한 후 일정 시간이 지나면서 더욱 보편화 하였고, 문자 생활을 지배했던 터라 이에 대한 불편은 더욱 증가되었을 것이다. 이 때문에 이에 대한 변형은 필연적이었다. 그래서 한국어를 표기하려는 시도가 이루어졌는데, 이두(吏讀)와 향찰(鄕札)과 구결(口訣) 등과 같은 다양한 방법이 시도되었다.

향찰은 한자의 음(音)과 훈(訓)을 빌어 한국어를 표기하는 방식인 차자(借字)표기 중의 하나인데, 문장에서 핵심 의미를 나타내는 의미부는 뜻으로, 한국어의 특징인 조사나 어미와 같은 형태소는 한자의 소리(독음)를 빌려와 표기하는 것을 기본 원칙으로 하고 있다. 그래서 향찰은 한자를 그대로 빌려와 한국어 어순에 맞도록 배열해 사용했다는 점에서 '임신서기석 체'보다 한 단계 더 발전한 방식이며, 달리 '향가 식 표기법'이라고도 한다. 향찰로 기록한 가요가 많아 이를 특별히 향가(鄕歌)라고 하는데, 『삼국유사(三國遺史)』에 신라 향가 14수가, 『균여전(均如傳)』에 고려향가 11수가 전한다.

이두는 넓은 의미에서는 한자차용표기법(漢字借用表記法) 전체를 가리켜 향찰(鄕札)과 구결(口訣) 및 삼국시대의 고유명사 표기 등을 총칭하는 차자 표기법을 일컫지만, 좁은 의미로는 한자를 한국어의 문장구성법에 따라 고치고(이를 통칭 '誓記體表記'라고 한다), 이에 토(吐)를 붙인 것에 한정해 지칭하는 것이 보통이다. 이 책에서도 후자의 의미, 즉 한국어식 문장에 토를 단 것을 지칭하는 의미로 사용한다.

임신서기석 체	한어 식 문장	어법 차이
今自三年以後	自今三年以後	개사구조(개사+시간사)
忠道執持	執持忠道	동빈구조(동사+빈어)
過失无誓	誓无過失	동빈구조(동사+빈어)/주술구조(주어+술어)
若此事失	若失此事	동빈구조(동사+빈어)
天大罪得誓	誓得天大罪	동빈구조(동사+빈어)/수식구조(정어+명사)
詩尙書禮傳倫得誓三年	誓三年[內]倫得詩尙書禮傳	동빈구조(동사+빈어)

●21_05. '임신서기석(壬申誓記石)'체―한국식 어순의 한어.
「임신서기석」은 보물 제1411호로, 경북 경주시 현곡면 금장리 석장사 터 부근에서 발견된 신라의 비석이다. 높이 32㎝. 552년(진흥왕 13) 혹은 612년(진평왕 34)의 것으로 추정된다. 국립경주박물관 소장. 충성을 맹세하는 내용을 새긴 비로, 다섯줄에 총 74자가 새겨져 있으며, 신라 융성기에 청소년들의 유교도덕 실천 상을 엿볼 수 있는 자료이다.

이러한 이두는 신라 초기부터 발달(유리왕 때의 辛熱樂, 탈해왕 때의 突阿樂 등)한 것으로 추측되며, 초기 단계의 이두는 신라의 설총(薛聰)에 의해 집대성된 것으로 알려졌다. 이두(吏讀)는 한문을 주로 하는 글에서 토로 쓰던 부분에 한정되어 사용하여 생략해도 한문이 그대로 남아 이해할 수 있다. 그러나 향찰은 문장 전부를 향찰로 표기했기 때문에 향찰을 없애면 문장 전체가 없어진다는 차이가 있다.

원문	해석	구조분석
善花公主主隱	선화공주님은	선화공주[善花公主]님[主]은[隱]
他密只 嫁良置古	남몰래 사귀어 두고	남[他] 몰래[密只] 사귀어[嫁良] 두[置]고[古]
薯童房乙	서동방을	서동·방[薯童房]을[乙]
夜矣 卯乙 抱遣 去如	밤에 뭘 안고 가다	밤[夜]에[矣] 무엇[卯]을[乙] 안고[抱遣] 가[去]다[如]

●21_06. '향가 해석 예'.
「서동요(薯童謠)」는 한국 최초의 4구체(四句體) 향가(鄕歌)로, 백제의 서동(薯童: 백제 무왕의 어릴 때 이름)이 신라 제26대 진평왕 때 지었다는 민요 형식의 노래이다.

이두는 이후에도 계속 사용되었는데, 토(吐)에 해당하는 한자를 간단한 부호로 고쳐 사용했다. 특히 불교의 경전이나 유가의 경전 및 관공서의 문서에서 많이 사용되었는데, 후기로 갈수록 한문 문장을 한국식으로 고치지 않고, 원래대로 사용하면서 부호화된 이두만 필요 부분에 부가 표기하여 해독을 용이하게 했다. 이를 구결(口訣)이라 구분하여 불렀다.

3. 한글의 창제

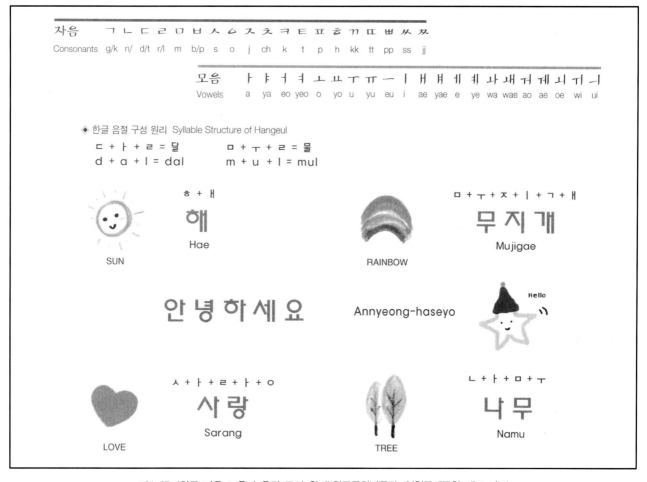

●21_07. '한글 자음 모음과 음절 구성 원리'(한국문화박물관, 인천국제공항 배포 자료).

문자(文字)는 출발부터 통치의 목적과 정치적 효용을 갖고 있었다. 그것은 문자라는 것이 처음부터 세계를 분류하고 질서화 하는 근본적 속성을 가졌는데, 세계를 분류하고 질서화 한다는 것은 세계질서의 재편과 관련되며, 세계 질서의 개편은 통치와 권력과 직접적으로 관련되기 때문이다.

이렇게 볼 때, 조선에 들어서 창제된 한글도 내부적으로는 기존 질서, 즉 불교를 중심으로 한 고려의 잔재를 청산하고 신권(臣權)과 왕권(王權)의 대립을 극복하여 왕실 주도의 새로운 세상을 여는 한편, 외부적으로는 중국의 영향에서 벗어나 독립적인 자주국임을 선언하려는 정치적 의도와 매우 밀접하게 관련되었을 것이다.

한글이 언제 어떤 과정을 거쳐 어떻게 만들어졌는지는 미스터리하지만, 1443년(세종 25년) 12월조의 『조선왕조실록』에 이렇게 기록되었다.

> 이 달에 임금께서 친히 언문(諺文) 28자를 지었는데, 글자는 고전(古篆)을 모방하였습니다. 초성(初聲)·중성(中聲)·종성(終聲)으로 나누었으며 이를 합하여 글자를 이루게 하였습니다. 무릇 한자와 우리나라의 일상어를 모두 표기할 수 있으니, 글자는 비록 간단하지만 전환의 쓰임이 무궁하였습니다. 이것을 '훈민정음'이라 하였습니다.(是月, 上親制諺文二十八字, 其字倣古篆, 分爲初中終聲, 合之然後乃成字. 凡于文字及本國俚語, 皆可得而書. 字雖簡要, 轉換無窮, 是謂『訓民正音』.)(『世宗莊憲大王實錄』 102卷, 25년 12월 30일 第2條.)

이렇게 훌륭한 체계를 가진 '훈민정음'을 선전하고 보급하기 위해 우선 '언해' 작업이 이루어졌다. 언해(諺解)는 언문(諺文) 즉 훈민정음으로 번역(飜譯)한다는 뜻이다. 불경의 언해 작업이 가

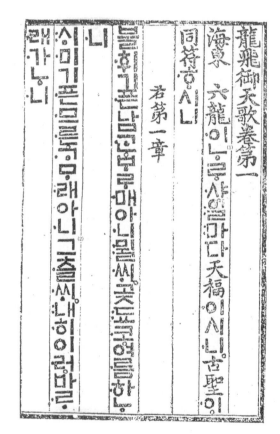

●21_08. 『용비어천가』.

장 먼저 이루어졌다. 한글이 만들어지자마자 『석보상절(釋譜詳節)』(1447)에 대한 언해가 이루어졌고, 이를 이어 『월인석보(月印釋譜)』(1449)의 언해가 이루어졌는데, 이의 앞부분에 '훈민정음'의 언해를 덧붙여 둠으로써 '훈민정음'의 사용을 본격화하겠다는 의지를 표명했다. 또한 중국 한자음의 기준을 정하기 위해 『동국정운(東國正韻)』(1447~1448)을 발간하였다.

이렇듯 세종은 1443년(세종 25년) 한글을 창제하고, 이의 보급을 위해 일련의 조치를 단계적으로 발동했다. 즉 1444년(세종 26년) 『운회(韻會)』 번역을 명하였으며, 1445년(세종 27년) 한자음 정리 사업 진행했고, 1446년(세종 28년) 『훈민정음해례』가 완성되었으며, 1447년(세종 29년) 한글과 한자를 병행한 『용비어천가(龍飛御天歌)』를 간행하고, 1448년(세종 30년)에는 『동국정운(東國正韻)』을 반포하였으며, 1447년(세종 31년)에는 『석보상절(釋譜詳節)』도 간행하였다. 이 모두가 신 창제 문자인 한글의 보급을 위한 적극적 의지의 천명이었다.

『신자전』에 실린 한국 고유한자	
刀	【도】 升也. 되. 見『鷄林類事』及公私文簿.
卜	【짐】 馬駄之稽. 짐바리. 見公私文簿.
亇	【마】 鐵鎚. 마치. 又地名, 見『輿地勝覽』. 胡名, 見『野史初本』. 粟名, 擎子亇赤粟, 見『農事直說』.
亍	【마】 地名. 짜이름. 潭陽有亍, 入谷平壤, 有亍鳥. 見『輿地勝覽』.
乶	【볼】 宗室名. 종실이름. 宗室有乶山君. 見『源譜』.
乫	【갈】 地名. 짜이름. 有乫波知僉使. 見『搢紳案』.
乬	【걸】 挂也. 걸. 『喪禮補』有乬麫床.
乭	【돌】 石也. 돌. 又兒名奴名多用之. 見俗書.
夻	【화】 魚名, 大口. 대구. 『字彙』: 魚之大口者曰吴音. 【화】 『四聲通解』: 漢俗呼東國大口魚曰吴口魚.
巪	【걱】 人名. 사람이름. 海西賊林 巪正見野史.
串	【곶】 名岬也. 곶지. 有長山串月串箭串.
巭	【부】 功夫. 공부. 蓋功夫卽工夫, 高麗人合爲巭字也.
垌	【동】 鑿池貯水. 동맥이. 見公私文簿.
稤	【숙】 各宮所任. 궁소임. 又倉名. 廣州牧有稤倉.
虄	【살】 箭也. 화. 살. 見『鷄林類事』.

●21_09. '한국의 고유한자'(1915년 『신자전』 수록 자료, 부분)

그러나 이러한 강력한 의지 천명에도 한글의 보급은 순탄치 않았으며, 1450년(세종 32년) 세종이 죽고 나자 한글에 대한 주목은 점차 약해만 갔다. 세종이 인류사에 뛰어난 업적이 된 '훈민정음'을 창제했지만, 앞서 본 것처럼 한글이 만들어지자마자 한자를 대신하여 널리 사용된 것은 아니었다. 기존의 한자 사용 층은 의식적으로 한자 사용을 고집하여 한글 사용을 방해하였으며, 최만리(崔萬理) 등은 한글 사용의 불가함을 직접 설파하기도 했다.

   세종 자신도 한글과 한자를 대립적으로 보고 한글로 한자를 대체해야 된다고 생각했던 것은 아니다. 한글의 창제는 한국어에 맞는 문자 체계를 만들고 이를 통해 고려 왕실과의 철저한 단절, 왕실의 권위 회복을 통한 군권의 획득, 중국에 대한 자주권의 강조 등에서 나온 것이지, 한자의 대체 수단으로 상정했던 것은 아니었다. 그것은 한글의 창제와 사용이 한자의 권위에 어떤 위협도 되지 못했고, 또 창제 주역이었던 세종도 한자나 한문의 권위를 부정한 적이 없기 때문이다. 이렇게 볼 때, 한글은 국문의 지위를 확보할 때까지 한글을 한문 교육과 외국어, 특히 중국어 교육에 활용하는 '교육 문자'로서의 역할을 담당했다는 것이 합리적인 해석일 것이다.

   이러한 한글 보급 정책에 따라 한글은 빠르게 퍼져 반세기 만인 1500년대에는 지방의 노비 수준의 신분인 도공에게 까지 쓰이게 되었다. 그러나 모든 일이 정착하려면 숱한 어려움을 거쳐야 하듯, 한글의 정착도 마찬가지였다. 예컨대, 연산군은 1501년(연산군 7년) '훈민정음'을 쓰거나 가르치는 것을 금지했다. 이 역시 자신의 정치적 위상을 높이고 정권을 공고하게 하기 위한 정책의 일환이었으나, 이미 한글의 사용을 막을 수는 없었다. 그래서 그도 조정안에서는 '훈민정음'을 쓰는 것을 금하지는 않았으며, 한글 사용 금지령이 내려진지 3년이 지난 1504년(연산군 10년) 한글로 역서(曆書)를 번역하라고 명함으로써 한글 사용의 금지가 완화되었다.

   이처럼 한글은 창제자 세종의 시대에서 멀어질수록 지위가 더 낮아졌다. 귀족 세력들인 관료와 양반들은 한문을 고집했고, 공식문서는 한자로 기록되었다. 그렇다고 해서 그들이 한글을 사용하지 않았던 것은 아니고, 부녀자나 일반인과 의사소통을 할 때의 기록이 한글로 남아 있다. 또 여성들도 상대적으로 한글을 많이 사용했다. 이 때문에 '한글'을 당시에는 언문(諺文)이나 '암클'(여성들이 쓰는 글자)이라 하여 다소 비속적인 의미를 부여하기도 했다.

그러나 조선의 22대 정조(正祖, 1776~1800년 재위)에 들면서 한글 사용은 다시 전기를 마련하게 된다. 정조는 한글을 특별히 중시하였다. 왕이 직접 한글로 편지를 쓰는 것은 당시까지만 해도 금기였는데 이를 파기하는 등, 한글의 보급에 적극 노력했다. 그리하여 정조 때에는 "입법한 내용을 한문과 언문으로 써서 큰 길거리와 네 성문에 내걸어 항간의 백성들로 하여금 법을 몰라 죄에 걸려드는 근심을 면할 수 있게 하는 것이 마땅할 듯합니다."(『조선왕조실록』 정조 15년(1791) 6월 20일 조)라는 건의처럼 한글 보급은 실생활의 편의로 연결되었다. 게다가 그가 중용했던 실학자들은 본격적으로 한글을 연구하였고, 한글을 중시한데 힘입어 18세기 이후로는 한자 중심의 문자 생활이 점차 한자와 한글로 이분화 하는 경향을 갖게 되었다. 그리하여 한자의 절대적 지위가 점차 약화되고 이의 자리를 한글이 이어갈 것임을 예고했다.

18세기 후반의 이러한 예측은 현실이 되었다. 19세기 말, 한글은 드디어 언문(諺文)이 지위에서 국문(國文)의 지위를 확보하였다. 그럼으로써 한자가 그간 담당해왔던 제한적 기능에서 문자 전반을 담당하는 주류 문자로 기능하게 되었다.

4. 개화기의 한자의 위상

19세기 말, 불어 닥친 외세의 침략과 서구 문물의 유입으로 개화파들을 중심으로 한글 사용이 강조되었고, 『독립신문(獨立新聞)』(1896년 창간)과 『제국신문(帝國新聞)』(1898년 창간) 등 순 한글로 된 신문까지 등장하게 되었다. 또한 『대한매일신보(大韓每日新報)』(1094년 창간)도 국한문 혼용을 채택함으로써 한글의 위상을 높였다. 당시의 국문관(國文觀)은 강위(姜瑋, 1820~1884)의 말처럼, "한문으로부터 탈피하되 국문 전용이 가져올 혼란을 막고 안정적인 글쓰기를 위해 국한 혼용을 하자"라는 것으로 요약될 수 있다. 강위의 이러한 주장은 순한문으로 발간되던 『한성순보(漢城旬報)

●21_10. '한국의 고유속자'
윗 글자는 '성(聖)'의 한국 고유 약자인데, 성(聖)을 문(文)과 왕(王)의 상하구조로 썼다. 이는 문왕(文王)을 지칭하는데, 주나라를 세웠던 성인 중의 성인으로 꼽는다. 현대 중국의 간화자인 성(圣)보다 훨씬 뛰어난 발상이다. 아래 글자는 현(賢)의 약자인데, 윗부분을 충(忠)과 신(臣)으로 고쳐 '충신이 현자'임을 천명했으며, 다른 문화권에서도 자주 보인다. 밀양의 손씨 문중에 보관된 조선시대 필사본에서 발췌.

』(1883년 창간)가 1886년 국한문 혼용의 『한성주보(漢城週報)』로 바뀌어 발간된 데서도 당시의 분위기를 확인할 수 있다.

이렇게 해서 한글이 국문으로 공식적인 인정을 처음 받은 것은 갑오경장(甲午更張, 1894~1896년) 때인데, 한글이 1443년 처음 창제되고서 450년이나 흐른 뒤의 일이었다. 이제 세상의 중심은 한자가 아니라 한글이 되었고, 초기의 한글 학자들도 한글의 우수성과 사용의 필요성을 적극 강조하기 시작하였다. 즉 1894년 칙령 제1호 공문식에 "법령과 칙령 등은 모두 국문으로 본을 삼고 한역을 붙이고 혹은 국한문을 혼용함(法令勅令總以國文爲本, 漢文附譯或混用國漢文)"을 원칙으로 한다고 천명했다. 이를 통해 한글은 '나랏말[國文]'의 지위를 획득하게 되었으며, 국가의 공식 문서에도 국한문이 함께, 또 교과서 등이 국한문으로 편찬되기 시작했다. 또 1895년 개교한 한성사범학교에서도 교칙에 이러한 내용이 반영되어 실제 교육현장에서 국문으로 교육이 이루어지게 되었다.

이제 한글의 보편적 사용은 근대화와 함께 한민족이 해결해야할 커다란 민족적 과제로 떠올랐다. 서재필(徐載弼, 1864~1951)은 『독립신문(獨立新聞)』의 창간호에서 이렇게 선언했다. "우리 신문이 한문을 아니 쓰고 단지 국문으로만 쓰는 것은 상하 귀천이 다 보게 하기 위함이다. 또 국문을 이렇게 구절을 떼서 쓴즉 누구라도 이 신문 보기가 쉽고 신문 속에 있는 말을 자세히 열어 보게 함이다."

이러한 주장은 지석영(池錫永, 1855~1935)과 주시경(周時經, 1876~1914) 등과 같은 선각자들의 노력에 의해 상당한 성과를 이루었다. 신지식의 수입에 따른 새로 만들어진 한자어를 제외한 나머지를 가능한 국문으로 해야 한다는

●21_11. '독립신문(獨立新聞).
1896년 4월 7일에 한국에서 최초로 발간된 민간 신문이자 한글, 영문판 신문이다. 미국에서 귀국한 서재필이 중심이 되어, 독립협회(獨立協會)의 기관지로 발간되었다.

주장이 정착하게 되었고, 이를 통해 한국의 말인 한국어를 중국의 한자로 기록하는 '언문불일치'의 이원적 양상이 한국어를 한글로 기록하는 '언문일치'의 일원적 모습으로 자리 잡았다. 그리고 이러한 주장은 갑오개혁을 계기로 자주독립과 애국이라는 어문 민족주의적 경향을 띠기도 했다.

특히 1905년 을사조약으로 국권을 상실하게 되자, 일본의 영향으로 한자의 사용은 다시 강화되었고, 한글은 일제의 지배에 대항하는 상징 아이콘으로 인식되었으며, 민족주의자와 한글 학자들의 힘겨운 투쟁 속에 명맥을 이어갔다.

5. 광복 후의 국한문 혼용

훈민정음 창제 이전에는 우리가 알고 있었던 문자는 바로 한자였고, 이 한자가 우리의 문자생활을 전적으로 지배하여 왔다. 훈민정음 창제 이후에도 한자의 사용은 줄지 않았으며, 문자생활의 지배적 수단이었음에는 변함이 없었다. 임진왜란을 지나고, 영조·정조 무렵의 고대소설 등이 등장하면서 한글 사용이 점차 증가하여 왔으며, 갑오경장을 전후하여 한글의 사용이 크게 증가하였으나 한자 사용이 줄어든 것은 아니었다. 그러나 이 시기 이후의 문자생활의 주도권은 점차 한자에서 한글로 이행하는 경향을 띠기 시작하였다.

1894년 갑오경장 때 한자를 대신하여 한글이 국문(國文)의 지위를 획득하였으나, 일제 강점기를 거치면서 일본의 영향으로 한자의 사용이 다시 보편화되었다. 그러다 1945년 광복이 되면서, 그해 발족된 문교부의 조선교육심의회는 학교교육에서 한자폐지와 가로 쓰기를 시행하였으며, 1948년에는 「한글전용법」을 공포하여 모든 공문서는 한글로 쓰되 필요한 때는 한자를 병용하게 하였다.

그래도 사회에서는 국한문 혼용이 주를 이루자, 정부는 한글전용을 솔선수범하기 위해 1957년 「한글전용 적극추진에 관한 건」을 결의하였고, 1961년 '한글전용법'을 더욱 강화하여 이듬해 「한글전용안」 제1집을 발표하였다. 한편 한글전용에 따라 한자폐지정책이 수립되었으나, 한자를 국어 생활에서 전혀 배제할 수 없었기에 문교부는 1950년 상용한자 1,200자와 교육한자 1,000자를 선정하고, 1957년에는 상용한자 1,300자를 발표하였다. 그러나 1964년 초·중·고등학교의 상용한자교육이 다시 결정되는 한편, 1968년 한글전용 5개년계획안을 발표하여 상용한자 폐지와 함께 교과서 한자를 완전 폐지하였다. 그리하여 1970년 대통령령으로 「한글전용법」이 공포되고 교과서가 한글전용으로 개편되었다. 그러나 1971년 다시 한문교육을 하기로 번복하는 등 한국에서의 한자 사용문제는 일관성 없이 정책 결정자의 기호에 따라 변하는 등 극심한 혼란을 경험했다. 그래도 시간이 흐를수록 한글의 사용이 보편화하고, 한자의 사용은 점차 줄어들었다. 그 결과, 1984년 「국어문법통일안」이 확정되고 최초로 국어연구소(지금의 국립국어연구원)도 개설되었다. 1986년에는 개정된 「외래어표기법」이 공포되었고, 1988년 「한글맞춤법」과 「표준어규정」이 공포되어 1989년부터 시행되어 본격적인 한글 전용 시대가 전개되었다.

6. 21세기를 맞이한 오늘날의 국한문 사용

그러나 21세기에 들면서 상황은 좀 바뀌었다. 중국이 세계의 가장 중요한 한 축으로 등장하면서 중국과 인접한 지리적 문화적 관련성 때문에 한자에 대한 중요성이 다시 부각되었다. 그것은 세계 경제 속에서 동아시아가 차지하는 중요성과 유럽연합(EU)와 북미자유무역지대(NAFTA) 및 아시아 태평양 경제협력체(APEC), 자유무역협정(FTA: Free Trade Agreement), 동남아시아 국가연합(ASEAN) 등 세계 경제의 블록화와 지역별 경제권 구축 등에 대응하여 동아시아를 중심으로 한 '공용문화권' 구상이 부각하게 되었는데, 동아시아를 하나로 묶을 수 있는 것이 유가사상과 한자가 가장 대표적이기 때문이다.

연도	명칭	한자 수	비고
1951	상용한자	1,200	
	교육한자	1,000	
1957	교육한자	1,300	1951년 상용한자에서 300자 추가
1968	한국신문협회 상용한자	2,000	
1972	교육용 기초 한자	1,800	10% 이내 추가 교육 허용
1990	대법원 인명용 한자	2731	이후 8차의 보완을 거쳐 5,761자로 확장
2000	(수정) 교육용 기초 한자	1,800	44자 교체
2001	법원용	4,789	
2005	법원용	5,138	2001년 안에 159자 추가
2015	(수정) 대법원 인명용 한자	8,142	

●21_12. '한국의 정부 지정 한자 변천표'.

이러한 변화를 반영하여 한국에서는 1990년대부터 한자의 존속을 주장하는 이들의 목소리가 커지면서 다시 도로표지 및 지명 표기 등에 한자가 병기되기 시작했고, 1998년에는 한자교육추진총연합회가 결성됐다. 2009년에는 정운찬 총리가 초등학교에서 한자를 의무적으로 교육할 것을 건의했고, 서울의 일부 초등학교에서의 한자 교육을 의무화하기도 했다. 그리고 2018년부터 적용하는 초등학교 교과서에 한자를 병기하는 방안이 추진되고 있다.

이러한 복잡하고 일관성 없는 한자 정책 때문에 한국의 한자교육은 매우 혼란한 상황이다. 그럼에도 한국의 문자생활에서 한자의 사용은 전혀 무시할 수 없는 부분이며, 그 때문에 제한적으로 교육용 한자를 제정하여 이러한 모순을 보완해 왔다.

예컨대, 1945년 이후 한자사용 폐지를 전제로 한 보완책으로 한자의 제한 사용 및 교육을 위하여 문교부에서 1951년 9월, 처음으로 교육한자 1,000자를 제정·발표하였다. 그 후 1957년에 새로 인정한 300한자가 더해져 1,300자로 늘어났다. 또 1967년 12월 18일에는 한국신문협회가 상용한자 2,000자를 선정하였다. 1968년 한글전용 정책 실시에 따라 1970년에는 모든 공문이 한글로만 쓰이게 되고, 초·중·고등학교의 모든 교과서에 한자의 노출 표기가 없어지자, 한자의 사용은 크게 줄었다.

그러다가 1972년 8월에는 문교부가 다시 1,800자의 중등학교 교육용 한자를 제정, 발표하여 현재에 그 기조가 이어지고 있다. 교육용 기초한자는 1,800자이나, 인명(人名)과 지명(地名) 등 고유명사는 이 기초한자에 관계없이 교육하도록 되어 있다. 또한 학습효과를 위하여 부득이한 한자는 추가하여 지도하되 1,800자의 10% 범위를 넘지 말도록 하였다.

출판계, 특히 중·고등학교용 참고교재의 편찬을 위주로 하는 출판사들은 문교부 제정의 교육용 기초한자를 지켜 사용하였으나, 주로 언론계에서는 각사(各社)의 자체 상용한자를 제정하여 그들이 발행하는 출판물에 사용하였다. 이처럼 각사가 제정한 상용한자의 안(案)을 조절하기 위하여 1967년 12월 한국신문협회는 「상용한자표(常用漢字表)」 2,000자를 선정, 1968년 1월 1일부터 공동으로 사용하도록 권장하였다.

그 뒤 1972년 8월에 다시 1,800자의 '교육용 기초 한자'를 제정하여 같은 해 9월부터 교육에 사용하였는데, 인명과 지명 등 고유명사는 이에 제한을 받지 않았으며 교육용으로도 그밖에 필요한 한자는 10% 안에서 추가하여 지도할 수 있도록 하였다. 한문이 별도의 교과목으로 분리된 것도 이때였다. 1975년부터는 국어 교과서에도 한자 병기(倂記)가 가능해졌다. 이후 2000년 12월 30일 교육부에서 44자(중학 4자+고교 40자)를 교체하였지만, 현재도 중학교 900자, 고등학교 900자의 '교육용 기초한자' 1,800자의 기본 틀은 유지되고 있다.

한편, 대한민국 대법원에서는 2001년 1월에 법원 업무를 위한 한자 4,789자를 확정하고, 2005년 1월 1일부터 159자를 추가하여 5,138자를 사용하고 있으며, 언론계에서는 1967년 12월 한국신문협회가 선정한 2,000자의 「상용한자표」를 1968년 1월 1일부터 출판물의 기준으로 삼았다.

또 대법원에서는 전산화를 위한 인명용 한자를 제한해 왔는데, 1990년 호적법 개정으로 처음으로 2,731자로

연도	명칭	구현한자	비고
1987	KS X 1001(KS C 5601-1987)(행망코드)(정보 교환용 부호계)	4,888	2004년에 개정된 'KS X 1001:2004'가 최신 규격
1991	KS X 1002(KS C 5657-1991)(정보 교환용 부호 확장 세트)	7,744	2,856 추가
1995	KS X 1005-1(KS C 5700-1995)KS X 1005-1(유니코드)	23,274	

●21_13. '한국의 표준코드 한자 일람표'.

제한했다. 이는 어려운 한자를 사람 이름에 써서 오는 불편함을 해소하고, 전산화 과정에서의 기술적 편의성 목적으로 지정됐다. 그러나 이에 해당하지 않는 한자는 한자를 바꾸거나 한글을 사용해야 해서 불만과 불편이 따랐다. 이후 대법원은 8차례의 개정과정을 통해 현재 5,761자의 인명용 한자를 지정했다. 그래도 이러한 불편은 완전 해소 되지 않았고, 또 컴퓨터 전산용 사용 한자의 확대에 따라 2015년부터는 기존의 5,761자에서 2,381자를 추가하여 총 8,142자로 확대해 사용하게 되었다.

한편, 전산 처리에 관한 국가 표준 코드인 KS 코드에서 한자는 기본 4,888자, 확장 2,856자로 모두 7,744자이다. 특히 KS X 1005-1은 총 23,274자를 포함하였는데, 이는 유니코드 2.0을 반영한 것으로, 한중일 통합 한자를 적용하므로, 대한민국에서 실제 사용하지 않는 한자도 포괄하고 있다.

●21_14. '국립한글박물관' 사이트 정보●

제목	국립한글박물관/National Hangeul Museum
사이트	http://www.hangeul.go.kr
개요	2014년 10월 개관. 지하 1층, 지상 4층, 1층 한글도서관, 2~3층 상시 및 기획 전시실 세계 유일의 한글 전문박물관. 디지털 한글박물관(http://archives.hangeul.go.kr) 운용
주소	(04383) 서울시 용산구 서빙고로 139. 전화: 02-2124-6200
입장정보	월, 화, 목, 금요일: 07:00~19:00, 수, 토요일: 07:00~22:00, 일요일: 07:00~20:00. 입장료 무료.
교통	서울 지하철 4호선 이촌역 2번 출구. 버스: 간선 400번, 402번 국립중앙박물관·용산가족공원 하차
특징	세계 유일의 한글 전문박물관
주요유물	『월인석보』, 『용비어천가』, 『간이벽온방언해』, 「정조어필한글편지첩」, 『말모이』 등
분류	문자전문박물관
참고사이트	디지털 한글박물관(http://archives.hangeul.go.kr)

●21_15. '국립한글박물관 전경'.

22

일본과 베트남의 한자

22 일본과 베트남의 한자

1. 일본의 한자

일본의 한자 학습은 대략 기원전 3세기쯤부터 이루어졌다. 이후 한자를 사용해 일본어를 기록하기 시작했고, 한자의 발음만 빌려 시가를 기록했고, 때로는 한자의 의미를 빌려 그들의 역사를 기록하기도 했다. 처음에는 한자와 일본어와의 관계를 규칙적으로 대응시키지 못했으나, 이후 규칙을 만들게 되었다. 또 한자 자형도 필사의 속도를 높이고 그들의 습관에 맞도록 간단하게 고쳐 일본어 자음과 모음을 표현하는 부호로 삼게 되었다. 한자의 필획 일부를 가져와 일본어의 자음과 모음을 표기한 것을 가타카나[片假名], 그것의 초서체(草書體)를 가져와 표기한 것을 히라가나[平假名]라고 한다.

이들은 총 50개의 자음과 모음을 음절 단위로 표현하며, 행(行)과 단(段)으로 배열하고 왼쪽에서부터 세로쓰기를 하는데, 이를 표로 만든 것이 '오십음도(五十音圖)'이다. 가타카나는 7세기경부터 출현하여 한자와 섞어서 사용하기 시작하였으며 9세기경에는 완전히 체계화되었다. 이와 함께 일본에서는 한국과 마찬가지로 자신들의 언어 환경과 문화 환경에 필요한 일본 고유한자를 만들게 되었는데, 이를 국자(國字) 혹은 왜자(倭字)라 부른다. 1903년 출판된 일본 최고의 한자자전인 『한화대자전(漢

일본속자부(日本俗字部) 98자	
匁	【モンメ】 銀稱으로 一兩의 六十分之一. ○한돈重.
辷	【スベル】 믹그러진다. ○順하게된다. ○禪位한다. ○물러나온다. ○안저둥그댄다.
叺	【カマス】 섬, 石子, 가만이.
凧	【タコ】 紙鳶.
辻	【ツジ】 十字街、 네거리.
込	【コム】 장인다. ○진이게한다. ○씨엇다、 찻다. ○분빈다. ○석긴다.
凩	【コガラシ】 서리바람(秋冬之交疾風).
凪	【ナギ】 바람잔다.
杣	【ソマ】 검먹산. ○쎄목. 筏. ○伐木장이.

●22_01. '일본에서 만들어진 한자'.
(1915년 『신자전』 수록, 부분)

和大字典)』(총 13,000자 수록)의 「부록」을 보면 '쓰게루(辷, すべる, 미끄러지다)'와 같은 일본에서 만든 국자(國字)가 97자 실려 있고, '돈(丼, どん)'과 같이 기존 한자의 자형을 이용하되 의미를 달리 쓴 국훈자(國訓字) 즉 국의자(國義字)도 180자 실려 있다.([표 22_01] 『신자전』에 실린 일본속자부(日本俗字部) 참조)

더구나 메이지[明治] 유신(1868) 이후에는 의도적으로 일본의 문자개혁을 진행하여, 동경(東京, 당시의 江戶) 발음을 표준어로 하는 국어 운동을 전개하여, 일본어에서 사용되는 모든 한자에 가타카나를 병기하여 한자 독음

●22_02. '일본 한자박물관도서관'.
한자 체험 박물관(일본, 교토).
일본 최초의 한자박물관으로, 2016년 6월 29일 개관했다.

통일에 노력하기도 했다. 게다가 중국의 '백화문 운동'처럼 소학교의 교과서 등에서 사용하던 반문반백(半文半白)의 문체를 구어화하는데 힘썼다. 일본어 중심의 개혁론자들이 1866년 한자 폐기를 주장하면서, 1872년 로마자로 한자와 가타카나와 히라가나를 대신할 것을 주창하였다. 극렬한 논쟁 끝에 이 안은 실현되지 못하고, 결국 한자의 혼용은 물론 가타카나와 히라가나를 함께 사용하기로 최종 결정되었다.

다만 한자의 사용에 있어 글자 수를 제한하게 되었는데, 1973년 일본 '국어심의회(國語審議會)'에서는 1,850자의 「당용한자표(當用漢字表)」를 제시하였고, 1981년에는 이를 보완하여 1,945자의 「상용한자표(常用漢字表)」를 공표하여 모든 공문서에 이를 사용하도록 하였다. 이후 2010년 11월 30일 기존의 「상용한자표」에다 196개의 새로운 한자를 더하고 5개의 한자를 삭제한 총 2,136자의 「새로운 상용한자표[新常用漢字表]」를 제정하여 지금에 이르고 있다.

特集

「白川静」

〈生誕100周年〉
東洋の古代研究の人生

●22_03. '시라카와 시즈카(白川静, 1910~2006)'.

일본의 저명한 한자학자이다. 고고학과 민속학을 비롯해 신화학과 문학을 융합하여 갑골문과 금문 연구에 훌륭한 업적을 남겼다. 1910년 복정현(福井縣)에서 태어나 1943년 입명관(立命館) 대학을 졸업하고, 1948년 첫 번째 논문인 「복사의 본질」의 발표를 시작으로, 1962년 「흥(興)에 관한 연구」로 박사학위를 받았다. 1969~1974년까지 『설문신의(說文新義)』 15권을 발표했으며, 이후 『한자』, 『시경(詩經)』, 『금문의 세계』, 『공자전(孔子傳)』 등을 출간했다. 또 1984년 『자통(字統)』, 1991년 『자훈(字訓)』, 1996년 『자통(字通)』을 출간하였다.

●22_04. '일본 한자박물관도서관'(한자역사 두루마리).

●22_05. '일본 한자박물관도서관' 홈페이지(http://www.kanjimuseum.kyoto)

●22_06. '일본 한자박물관도서관' 사이트 정보●

제목	漢検漢字博物館図書館(漢字ミュージアム)/ Japan Kanji Museum & Library
사이트	www.kanjimuseum.kyoto
개요	• 일본 최초의 한자박물관. • 2011년에 폐교 한 교토 전 야사카[弥栄] 중학교 부지에 위치. • 한자능력검정협회가 구 본부빌딩 2층(약 300㎡)에서 2000년부터 운영해오던 '한자 자료관'을 발전시킨 것임. • 2015년 2월에 건설 시작, 2016년 6월 개관.
주소	(605-0074) 京都府 京都市 東山区 祇園町 南側 551番地, 전화: 075-757-8686
입장정보	화~일 9:30~17:00(휴관일인 월요일이 공휴일일 경우 그 다음날 휴관). 입장료: 대인 ￥800, 대학생·고교생 ￥500, 초등·중학생 ￥380, 단체 할인, 연 회원제(대인 ￥2500 등) 있음.
교통	지하철 東西線 '東山駅' 2번 출구, 京阪本線 '園四条駅' 6번 출구, 阪急京都線 '河原町駅' 木屋町南 출구. 버스 12, 31, 46, 80, 100, 201, 202, 203, 206, 207번 '祇園' 하차
특징	중국 외 지역 최초의 한자박물관, 한자전문도서관
분류	한자전문박물관

2. 베트남의 한자

베트남[越南]의 한자 사용 역사는 대체로 세 단계로 구분된다. 즉 한자(漢字) 차용시기, 베트남 한자인 쯔놈[字喃]이 발명되어 한자와 함께 사용되던 시기, 알파벳[拼音]의 사용 시기 등이다.

安慰	*an ủi*	慰安	和平	**hoà bình**	平和
党共産	**đảng cộng sản**	共産党	激刺	**kích thích**	刺激
単簡	**đơn giản**	簡単	検点	**kiểm điểm**	点検
階段	**giai đoạn**	段階	経月	**kinh nguyệt**	月経
加増	**gia tăng**	増加	糧食	**lương thực**	食糧
界限	**giới hạn**	限界	外例	**ngoại lệ**	例外
介紹	**giới thiệu**	紹介	所短	**sở đoản**	短所
限制	**hạn chế**	制限	積累	**tích lũy**	累積

●22_07. '베트남 한자와 일본 한자와의 차이'.
언어 차이 때문에 수식구조의 순서에서 큰 차이를 보인다. 예컨대 '공산당(共産黨)'이 '당(黨)+공산(共産)'으로 되어 수식어가 뒤에, 피수식어가 앞에 놓이는 구조이다.

기원전 한나라 무제(武帝) 때 이미 한자는 베트남 지역으로 전파되었으며, 베트남 역시 한국이나 일본과 같이 한자를 직접 사용해 베트남어를 기록했는데, 북속(北屬)시기(기원전 179년~서기 938)와 정 왕조[丁朝, 968~980]가 이에 해당한다.

이후 12~13세기에 이르러서는 한자를 기초로 베트남 식 한자인 '쯔놈[字喃, Chu Nom]'이 발명된 것으로 보인다. 이는 이 왕조[李朝, 1009-1225]의 자료들 중, 1113년에 만들어진 사랑주(思琅州)의 「숭경사종명(崇慶寺鐘銘)」 등에 '滝 sông'('강'이라는 뜻, 水가 의미부이고 竜이 소리부) 등과 같은 베트남 고유한자가 등장하고, 1185~1214년 사이에 만들어진 「축성보은자비(祝聖報恩字碑)」에 '同木 đồng Mộc'(나무 밭) 등과 같은 고유 한자어가 등장하는 것으로 증명된다.

쯔놈은 크게 한자의 독음이나 뜻을 직접 빌려온 것(차용)과 한자를 변형시켜 새로 만든 것으로 나뉜다. 예컨대, 몰(沒)은 중국어에서 'mò'로 읽히며 '물에 가라앉다'는 뜻이다. 그러나 쯔놈에서는 'mot²'으로 읽히며, '하나'라는 뜻이다. 그런가 하면 '𠃉'는 위(爲)의 생략자로서 '~을 하다'라는 뜻이다.

쯔놈은 표의문자의 의미 전달과 표음 문자의 독음 표시 기능이 결합됐다는 장점 때문에 한자와 혼용하여 베트남의 역사 기록은 물론 문학작품 등을 기록하는데 널리 사용되어 오래 ㄴ 기간 동안 사용되었다. 예컨대, 𡗶은 천(天)과 상(上)이 상하구조로 결합하였는데, '하늘'이라는 뜻이다. 이렇게 만들어진 쯔놈은 현재 1만 자가 넘는 것으로 알려졌다.

그러나 17세기에 들면서 서양의 선교사들이 대거 들어와 한자라는 표기 수단의 불편함을 대체할 수 있는 로마자를 주창하였고, 로마자로 베트남어를 표기할 수 있는 방안이 마련되었다. 그중에서도 프랑스 선교사였던 알렉산더 로더(Alexandre de Rhodes, 1591~1660)의 방안이 대표적이었다. 이후 1885년 베트남이 프랑스의 식민지가 되면서 초중학교에서는 알파벳을 사용하기에 이르렀고, 1945년 2차 세계대전의 종식과 완 왕조[阮朝]의 멸망으로 성립한 베트남민주공화국에서는 알렉산더 로더가 창안했던 알파벳 표기법을 일부 수정하여 사용하면서 한자는 공식적으로 폐기되었다.

●22_08. '베트남 하노이 문묘[河內文廟]'.

베트남 하노이 문묘(河內文廟, Văn Miếu Hà Nội)의 정식 이름은 문묘(文廟)—국자감(國子監, Văn Miếu – Quốc Tử Giám)이며,
『대월사기전서(大越史記全書)』에 의하면 1010년에 이 왕조[李朝]를 세운 임금인 이태조(李太祖)의 명령으로 만들어졌으며, 1070년
공자를 모시는 문묘(文廟)가 만들어졌으며, 1076년 국자감이 곁에 완성되었다. 문묘 정문 양편으로 하마비 석정(下馬碑石亭)이
만들어졌다. 문묘를 들어서면 첫 번째 정원에 대형의 연지(蓮池)가 있고, 대충문(大忠門)을 통해 두 번째 정원에, 규문각(奎文閣)을
통해 세 번째 정원으로 들게 된다. 거기에는 커다란 천광정(天光井)이, 그 양옆으로 2개의 진사방(進士坊)이 만들어져 있는데, 각 41개
씩 총 82개의 비석이 있다. 비석은 비림(碑林)처럼 도열되었고, 1442년부터 1779년까지 337년 간 총 82차례에 걸친 과거에서 합격한
1,306명의 진사(進士) 이름과 출신을 기록해 두었다. 대성문(大成門)을 지나면 대성(大成殿) 앞의 네 번째 정원이고, 대성전 안에는
공자상이 모셔져 있고, '만세사표(萬世師表)'라는 금색 글자로 된 편액이 걸려 있다. 대성전의 옆으로 장서방(藏書房)이 만들어져
사서삼경 등 유가 경전이 구비되었다. 대성전 뒤로 다섯 번째 정원이 국자감(國子監)인데, 베트남 유학의 대표 주문안(朱文安)이
모셔져 있는데 베트남의 주자로 불린다.(바이두 백과)

●22_09. '베트남
하노이
문묘[越南河內文廟]
정문'.

●22_10. '레 왕조와 막 왕조(1442~1779)의 과거 시험 관련 석판 기록'.
하노이 문묘[河內 文廟] 내에 있다. 2011년 세계의 기록유산으로 지정되었다.

Bảng tra chữ

一 **nhất**
- 0 一 nhất · nhất
- 1 丁 đành · đềnh · đinh · đứa · 七 sất
- 2 丈 dượng · trượng · 三 ba · tam · 下 hạ · 丗 la · là · ra
- 3 与 dữ · 丐 cái · cưới · gái · gáy · 丑 giấu · sửu · xấu · 亐 nghi · ngờ
- 4 且 thả · vả · 丕 phi · phơi · vầy · vậy

世 đời · thay · thế · thế
丘 kheo · khêu
丙 biếng
宀 xuống
召 muôn
两 lạng · lưỡng
6 屵 ba · bơ
夹 trời
阰 ba
7 並 sánh
侈 đứa
垃 nhấp
沒 mốt · một
9 唉 xuôi
巷 đời
濠 xuống
郤 cốc · dốc
削 thẳng
10 都 đứa
鄨 dưới
靬 sút
11 跙 và · vã

12 鄆 xuống · 壿 trốc · 鄆 xuống · 儭 đứa
13 鸐 dưới
14 뾽 sánh · 舂 dâng · 登 dâng · 塴 nhô
15 舂 chả · 臧 gồm · 竉 xuống · 竃 xuống
17 蘼 gồm · 蠱 gồm · 糵 gồm
21 躋 tày · 虁 lấm

丨 **cổn**
2 个 cá · cớ · 亇 cá
3 中 trong · trung · trúng
4 丰 phong · 旧 cậu
6 荔 rồi

9 钟 giữa
12 赫 chuỗi · 斳 gở
13 艳 trong · 龅 trong
14 斡 suốt · 轄 cuốn
18 綀 trong
19 䥽 suốt
21 蟲 chuỗi · 鑫 chuỗi

丶 **chủ**
2 丸 hòn
3 丹 đan
4 主 chủ · chúa
8 敔 gì
9 馭 gì

丿 **phiệt**
0 丿 phút · 丿 nhau · nhiêu · nhiều
1 乂 nghệ · 乃 nải · nái

2213

●22_11. '베트남 한자 사전'(왼쪽)과 거기의 색인에 수록된 베트남 한자들(오른쪽).
베트남어를 표기할 수 있도록 새로운 형식의 많은 글자가 만들어졌는데, 10,000자가 넘는 것으로 알려졌다.(*Tu Dien Chu Nom Dan Giai*, 阮光紅, 2014.)

●22_12. '베트남사회과학원 한림원 홈페이지'.

베트남 최고의 학술연구기관이다. 여기에 한자와 베트남 식 한자로 기록된 자료를 수집하고 연구하는 '한자-쯔놈 연구원'이 설치되어 있으며, 약 70명의 전임연구원이 자료의 수집과 해독 및 전산화를 진행하고 있다.

23

한자와 동아시아, 그리고 세계

23 한자와 동아시아, 그리고 세계

1. 한자의 일본 전파

●23_01. 『천자문』을 일본으로 전했던 왕인 박사의 유적지(王仁博士遺蹟).
전남 영암군 군서면 구림리에 있는 백제시대 학자 왕인의 출생지라 전하는 유적. 전라남도 기념물 제20호. 월출산 주지봉을 향해 올라가면 해발 350m 되는 곳에 왕인이 출생했다는 성기골과 수학했다는 문산재가 있다. 1973년 왕인박사유적지 조사단을 구성했고, 1985년 유적지 정화사업을 착공해 1987년 준공했다.

한자 자료의 일본 전파에 가장 적극적이었던 나라는 백제였다. 『일본서기』에 의하면 백제의 아직기(阿直岐)가 284년 『역경』, 『효경』, 『논어』, 『산해경』 등을 일본에 전했고, 이를 이어 왕인(王仁)이 『천자문』을 전했다고 한다. 『일본사』에 다음과 같은 기록이 전한다.

"응신(應神) 천황 15년(284년), 백제 국에서 왕자 아직기(阿直岐)를 파견해 『역경』, 『효경』, 『논어』, 『산해경』 등을 전했다. 당시 아직기는 경서를 숙독하고 있었기에, 일본의 황태자가 그를 스승으로 모시고 경전을 배웠다. 이것이 일본에서 책을 읽기 시작한 계기다. 천황이 아직기에게 물었다. '본국에 당신과 같은 사람이 또 있습니까?' 아직기가 대답했다. '왕인(王仁)이라는 자가 있는데, 저보다 훨씬 낫습니다.' 그리하여 사신을 보내 백제의 왕인을 초빙했다. 왕인은 『천자문』을 들고 일본에 들어왔다. 그 때가 285년이었다."

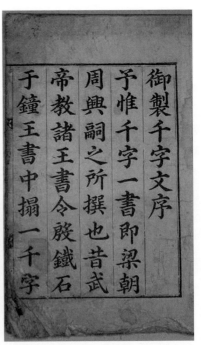

●23_02. 『어제천자문』.
명나라 숭정 기원 후 64년 신미(崇禎紀元後六十四年辛未)(1691) 서(序), 만력(萬曆) 11년(1583) 한호(韓濩, 石峰) 서(書), 29년 신축(辛丑)년(1601) 개간(開刊). 크기 27.4×42.7cm, 한국학중앙연구원 소장. 한호는 조선 중기를 대표하는 서예가로, 그가 쓴 『천자문』 등이 교본의 표본으로 자리 잡았고, 그의 서체는 '석봉체(石峰體)'라고 불리면서 이후 약 100여 년간 유행했다.

2. 동아시아에서의 한자

동아시아를 일컬어 '한자 문화권'이라 부른다. 이들 지역의 특성이 무엇보다 '한자'라는 속성으로 묶일 수 있다는 말이다. 그래서 한자는 '유가' 사상과 '불교'와 함께 동아시아를 이해하는 핵심 코드이다. 중국은 물론 한국과 일본을 비롯해 동남아시아 제국은 한자라는 문자를 빌려 생활을 해 왔다. 이후 한국은 한글을, 일본은 히라가나와 가타카나를, 베트남은 쯔놈과 새로운 알파벳 문자를 만들어 사용하였지만, 지금도 상당 부분 한자를 혼용하고 있다. 게다가 이미 자국 문자로 표기된 어휘라 하더라도 기층 대다수는 한자어이다. 이렇듯 한자는 동아시아, 나아가 아시아를 이해하는 데 빠질 수 없는 문자이다.

특히 한국은 중국을 제외하면 한자를 가장 이른 시기부터 빌려와 가장 오랫동안 사용한 나라이다. 경상남도 창원의 다호리(茶戶里) 유적에서 실물 붓 등이 발견된 것으로 보아 기원전 시기에 이미 한자가 한반도에 유입되었을 것으로 추정된다. 그렇다면, 지금까지 적어도 2천 년 이상의 한자 사용 역사를 가졌다. 특히 한글이 만들어지기 전 유일한 문자였으며, 한글이 만들어진 이후에도 근대까지 가장 중요한 문자 체계였다. 게다가 지금도 사용되는 주요 어휘의 70% 정도가 한자어여서, 한국의 문자생활에 상당한 역할을 하고 있다.

뿐만 아니라 21세기 들어 세계의 중심으로 등장한 중국의 영향력은 물론 세계 각 지역의 경제와 정치 블록화의 영향으로 동아시아를 함께 묶는 공동문화권에 대해 자주 논의되고 있으며, 그 가능성도 높아만 가고 있다. 이러한 동아시아 문화권의 통합 논의에서 한자는 매우 중요한 역할을 하게 될 것이다.

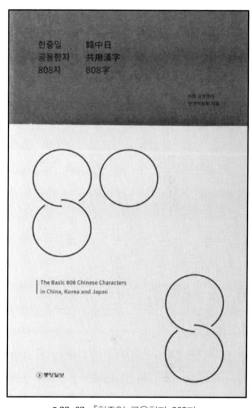

●23_03. 『한중일 공용한자 808자』.
2015년 중앙북스에서 출간된 한중일 공용 808자에 대한 해설서이다. 어원과 용례 및 삼국 간의 형체와 의미 및 용례 차이를 자세히 설명했으며, 필자도 집필에 참여했다.

3. 동아시아 공용 한자

2014년 4월 중국 양주(揚州)에서 한자의 미래와 관련한 의미 있는 회의가 열렸다. 그것은 다름 아닌 제9차 '한·중·일 30인회'(중앙일보·신화사·니혼게이자이신문 공동 주최)였는데, 거기서 '한중일 공용 한자 808자'가 정식으로 채택됐다. 이는 동아시아에서 한중일 삼국 간 과거사·영토·정치 갈등이 심화되고 있는 가운데 아시아에 강력한 문화적 연대를 확산시키고 세 나라 미래 세대의 교류를 보다 활성화하자는 취지여서, 한자를 매개로 한 동아시아 문명의 연대와 노력이라는 점에서 의미가 있다.

또 2015년 3월 일본 요코하마[橫浜]에서 열린 제6회 한·중·일 문화부 장관 회담에서 시모무라 하쿠분[下村博文] 일본 문부과학상은 기조연설을 통해 '한자를 통한 문화교류'를 제안했다. 이 자리에서 시모무라 문부과학상은 "민간의 뜻깊은 노력으로 3국의 공용 808자라는 훌륭한 결실을 맺었다"라고 하면서 "이는 세 나라 국민들이 서로 이해하고 문화교류를 하는 데 도움이 될 뿐 아니라 상대방을 존중하는 촉매제가 될 것"이라고 강조했다. 그는 이날 회담이 끝난 뒤 공동기자회견에서도 "(3국 정부가) 한자의 활용을 함께 검토해 나가고자 한다"라고 말했다. 3국의 각계 저명인사들로 구성된 '한·중·일 30인회'가 새로운 3국 협력 어젠다로 제언한 것이 정부 차원의 공식 논의로 확대된 셈이다. 이는 한국이 번자체(繁字體, 正字) 한자를 거의 그대로 쓰고 있는 데 반해 일본은 약자체(略字體)를, 중국은 대폭 간략화한 간화자(簡化字)를 사용함으로써 소통에 불편을 겪고 있어 '공용 한자'의 필요성이 대두됐다.(『중앙일보』관련 보도)

2015년, 한국에서는 한중일 808한자 해설서 편찬위원회가 꾸려져 808자에 대한 어원[字源] 해설과 한중일 한자 간의 형체, 의미, 독음, 용례 등의 차이 등을 기술한 저술을 출판했다. 이러한 노력은 이미 상당 부분 이루어진 한중일 한자 코드 부호의 통일화와 함께, 비록 808자라는 기초한자를 대상으로 하였지만 앞으로 한자의 글자 수를 확대함으로써 한중일 한자의 형체 통일을 해 나갈 것이며, 이러한 점에서 동아시아의 정체성과 공감대를 확대하고 하나의 '한자문화권'으로서 공생하는 기반을 만들게 될 것이다.

●23_04. 한중일 30인회 모임.
한중일의 공용한자 제정을 위한 2014년 회의. 808한자를 제정했다.

24

한자의 미래

24 한자의 미래

1. 간화자와 번체자(정자)의 논쟁

중(众)과 당(党)은 중화인민공화국 성립 후 제정된 간화자이다. 원래는 중(衆)과 당(黨)으로 썼는데, 간화 과정을 거치면서 기막히게 변신한 글자이다.

黨(무리 당)은 원래 흑(黑)이 의미부이고 尙(숭상할 상)이 소리부로 '부정적인 것을 숭상하는 집단'이라는 뜻을 담아, 정당이라는 것이 정의추구가 아닌 자신들의 이익만을 위해 무리 짓고 편 가르는 집단으로 여겼다. 서구에서는 이를 'party'라고 하여 '축제의 장'으로 인식한 것과는 대조된다. 그 때문인지, 공산당 일당 체제인 신 중국에서는 이 의미가 불편했던지 당(党)으로 줄였는데, '사람(儿=人·인)을 숭상하는(尙) 당'이라는 의미로 변신했다.

번체자	黨	尙+黑	부정한 것(黑)을 숭상하는(尙) 집단	부정이미지
간체자	党	尙+儿(=人)	사람(儿)을 숭상하는(尙) 집단	긍정이미지

또 衆(무리 중)은 원래 血(피 혈)이 의미부이고 㐺(무리 중, 衆의 본래 글자)이 소리부로, 피땀[血] 흘려 힘든 노동을 하는 사람들[㐺]을 그렸다. 더 거슬러 올라가 갑골문을 보면, 혈(血) 대신 日(날 일)이 들어

●24_01. 당(黨)의 예서체와 간화자.

가 뙤약볕[日] 아래서 무리지어[似] 힘든 일을 하는 '노예'들을 지칭했다. 이후 금문에 들면서 뙤약볕 아래서 고된 노동을 하는 그런 노예들에 대한 '감시[目]'의 의미가 특별히 강조되어 일(日)은 다시 目(눈 목)으로 바뀌었고, 이후 피를 토할 정도의 힘들고 고된 존재라는 뜻에서 목(目)이 다시 혈(血)로 바뀌었다. 그러나 민중과 대중이 사회의 주인이 되었고 인민이 정치의 주인이자 주체임을 지향한 신 중국에서 중(衆)은 더 이상 노예 계급도 피지배계급도 아니다. 혁명 주체 세력이 된 중(衆)을 중(众)으로 표기함으로써 그 속에 담긴 민중과 대중에 대한 멸시와 핍박의 흔적을 지우고 싶었는지도 모를 일이다.

이처럼 한자는 그 발생에서부터 지금까지 유구한 세월을 거치면서 많은 우여곡절을 겪기는 했지만, 아직도 기본적 모습을 그대로 간직한 채 사용되고 있는 세계의 유일한 문자체계이다. 한때는 한자를 폐기하고 표음문자 체계로 바꾸어야 한다는 주장이 설득력 있게 제기되어 이를 실행에 옮기고자 상당한 작업을 진행한 적도 있다. 하지만, 이는 한자가 가진 특성을 제대로 인식하지 못한 데서 온 결과였으며, 따라서 지금은 표음문자로 바꾸고자 했던 것은 잘못된 정책이었다는 데 인식을 같이하고 있다.

앞서 논의한 바와 같이 한자는 완전한 표의문자 체계가 아닌, 대부분이 표의와 표음의 기능을 겸비한 형성구조로 되어 있다. 문자란 유성언어의 시공적 한계를 극복하기 위해 출현했으며, 이렇게 출현한 문자가 기본적으로 표현하고자 했던 것은 의미의 표현이었다. 그래서 초기 단계의 문자는 상형성이나 표의성이 상당히 강했다. 하지만, 이후 인간의 생활이 복잡해짐에 따라 의미의 표현이 그리 간단한 문제만은 아니게 되었고, 또 점점 문자가 차지하는 중요성이 유성언어인 말 만큼이나 중요해지게 됨으로써 문자가 더는 말의 보조수단으로 남는 데 만족

●24_02. 중(衆)과 간화자(아래).

●24_03. '폭스바겐 로고'.
'민중의 자동차' 즉 국민차를 뜻하는 Volkswagen의 이니셜인 V와 W를 세로로 배열했는데, 한자에서 민중을 뜻하는 衆의 간화자인 众을 뒤집어 놓은 모습과 닮았다. 이러한 친근감 때문에 민중이 혁명을 이루어 건설한 신 중국에서 폭스바겐 자동차가 큰 인기를 얻었다는 이야기가 전한다.

할 수 없게 되었다. 그래서 시간이 흐를수록 문자의 기능이 의미의 표현으로부터 소리의 표현까지 요구하게 되었다. 그래서 다른 문자는 상형문자나 표의문자의 단계를 거쳐 표음문자로 변화하게 되었다.

하지만, 한자는 세계의 다른 문자 체계와는 달리 표의문자가 가진 의미의 표현에다 표음문자의 특성인 소리의 표현을 교묘하게 결합한 형성구조로 발달하게 되었다. 이러한 형성구조가 현행 한자의 대부분을 차지한다고 한다면 한자는 진정한 표의문자 체계라기보다는 표의문자 체계와 표음문자 체계를 함께 겸비한 표의-표음문자 체계라고 해야 할 것이다. 이러한 특수한 체계는 표음문자보다 의미도 함께 표현할 수 있다는 커다란 장점을 갖고 있다.

●24_04. '간화자와 번체자 간의 문제'
(羽青玄, http://www.tianyayidu.com/article-140733-1.html)

2. 컴퓨터 기술의 발달

그뿐만 아니라 1980년대 이후 본격적으로 개발된 컴퓨터 한자입력법의 개발로 그간 한자가 갖고 있던 큰 약점으로 지적됐던 구조가 복잡하고 필획이 과다하다는 단점이 근본적으로 해결 가능해졌다. 이러한 컴퓨터 기술의 발달은 분명 한자의 생명을 보다 강하게 해줄 것임은 분명한 사실이다.

이처럼 한자가 의미의 표현과 독음의 표기라는 두 가지 모순적 특징을 교묘하게 하나로 합친 구조로 되어 있다는 특징과 함께 컴퓨터 문명의 출현으로 한자의 필사속도와 인지능력을 대대적으로 증가시켰다는 점에서 한자는 더는 '미개한' 문자체계가 아닌 어느 문자보다도 많은 장점이 있는 '발전한' 문자체계라 하겠다. 이렇게 볼 때 한자는 앞으로 계속해서 그 생명을 유지하게 될 것이다. 그간 필사속도와 입력속도 등이 큰 문제였는데, 인식 프로그램이 보편화하면서 오히려 필획이 복잡한 한자구조가 더 변별력을 높고, 이들 한자는 컴퓨터의 인식 프로그램 진화와 인공지능(AI) 개발에 공헌하는 등 정보통신기술과 결합하여 발전을 거듭하고 있다.

3. 한자문화권 공용한자 제정과 코드 통일/호환

한자는 중국에서 발원했지만, 한국과 일본과 베트남 등 주변 국가로 전해져 사용되었다. 그 과정에서 각국에 맞는 새로운 한자도 만들어지고, 새로운 의미도 부여하고, 새로운 환경 속에서 그에 맞도록 변화했다. 각국에 남아 있는 고유한자와 국의자, 국음자를 비롯해 고유 자형이 그렇다.

●24_05. '디자인을 만난 한자'
(http://qxw1192090266.my3w.com/Articles/26.html)

예컨대, 예술(藝術)을 뜻하는 예(藝)는 한국과 중국과 일본 등 3국에서 의미가 각각 달라 사용에 주의해야 하는 한자이다. 한국에서는 '예(藝)'라고 쓰지만, 일본에서는 '예(芸 げい)'라고 쓰고, 현대 중국에서는 '예(艺 yì)'로 쓰기 때문이다. 또 일본에서 쓰는 예(芸)는 한국과 중국에서는 '향초이름'을 뜻하고. 각각 운(芸)이나 '윈(yún)'으로 읽히는 다른 글자이다.

그런가 하면, 한자 어휘도 마찬가지이다. '석사'를 한국과 중국에서는 각각 석사(碩士)와 '수워스(碩士 shuòshì)'라 하지만, 일본에서는 '슈시(修士 しゅうし; マスター)'라 하고, 베트남에서는 '탁시(thạc sĩ)'라고 한다.

그래서 문화교류가 일상화되고, 국가의 경계가 사라지고 있는 지금, 이들 '한자문화권'만이라도 우선 한자 자형의 호환 및 통일이 필요하고, 나아가 한자 어휘 간의 차이도 정리되어야 할 것이다.

4. 한자와 정보통신기술(ICT)의 결합, 새로운 시대를 향해

배우기 어렵다고 알려진 한자지만, 한자는 상형문자의 특징을 최대한 활용하여 이미지 연상법과 디지털의 애니메이션 기법을 통하여 기억력을 증진시키는 효과가 있다. 게다가 디지털 디바이스의 범주는 컴퓨터의 화면에서 스마트폰, 디지털패드와 같은 이동을 하면서 ICT의 정보를 교환하는 범주로 확대되었으며, 내장된 GPS기능과 카메라를 활용한 증강현실(Augmented Reality) 기술을 만들어 내어 사용자의 몰입도를 극대화 할 수 있으며, 움직이면서 지역의 정보와 한자 공부를 할 수 있는 스토리텔링 스마트 어플리케이션으로 가공 발전할 수 있다.

21세기지금, 세계 각국에서는 증강현실(AR)이나 가상현실(VR)을 활용한 언어공부 스마트 어플리케이션을 제작하여 제공하고 있다. 그러나 조합형 서체인 알파벳은 단어를 갖고 콘텐츠를 만들어 내는 반면, 한자의 경우 상형성이 강하고 의미와 이미지를 갖고 있어 한자는 증강현실이나 가상현실을 활용한 디지털 콘텐츠 제작에 최적의 대상 콘텐츠로 알려져 있다.

이렇게 볼 때, 한자는 이제 21세기의 정보통신기술(ICT)과 결합하여 새로운 방식으로 발전할 영역이 매우 많다. 예컨대, 기존의 단순 한자 해석법을 지양하고, 과학적 어원과 문화학적

●24_06. "미래는 한자 편이다. 중국의 입력 기술 서양을 넘어서다(未來屬於漢字 中國打字技術遠超西方)".

미국의 『더 아틀란틱(The Atlantic 大西洋月刊)』의 2016년 11월 1일자 보도(메인 페이지)에 의하면, 스텐포드 대학의 토마스 뮬라니(Thomas S. Mullaney)가 QWERTY 표준 키보드의 문제점에 대해 강연했다. 중국 역사연구가인 마라니는 입력 기술에서 서양을 크게 앞질렀으며, 이러한 성과가 한자의 미래를 밝게 해 줄 것이라고 주장했다.

접근의 인문학적 해석을 통해 독창적이고 새로운 관점의 한자 해석을 이루며, 이를 스토리텔링 하여 각종 디자인, 애니메이션, 앱 등 정보통신기술(ICT)과 결합한 21세기형 한자 디지털 콘텐츠의 개발이 가능할 것이다. 이를 활용한 교육과 다양한 콘텐츠는 한자 학습과 응용 등의 효율을 크게 높여 줄 것이다. 나아가 인공지능(人工知能, AI), 가상현실, 증강현실 및 오락성 등과 융합하여 세계인이 함께 사용할 중요한 디지털 문화콘텐츠의 산업화를 이룬다면 고부가가치를 창출하여 국가 발전에도 기여할 것이다. 이것이 4차 산업혁명이 시작된 지금 한자연구가 나아가야 할 새로운 길의 하나이다.

●24_07. 정보통신기술(ICT)과 결합한 어린이용 이야기 책.

5. 국가의 경계를 넘어선 연대와 협력 연구

한자는 중국이라는 한 나라의 것이 아니다. 적어도 한국과 일본과 베트남을 포함한 '한자문화권'의 공동 유산이고, 나아가 인류 전체의 귀중한 자산이다. 그래서 한자의 연구도 이제는 이러한 인식에 기초해 한 나라의 힘에 의존할 것이 아니라 여러 나라가 협력하고 연대하여 공동으로 해 나갈 때이다.

이러한 인식에 기초해 2012년 8월 제주도에서 세계한자학회가 세계 최초로 설립되었고 사무국을 경성대학교 한국한자연구소에 두게 되었다. 이러한 국제간 연대와 연합 연구는 앞으로 주목해야할 방식이 아닐 수 없다.

●24_08. '세계한자학회(WACCS)'.
2012년 성립되었으며 사무국을 경성대학교 한국한자연구소에 두고 있다. 디자인은 경성대학교 김재명 교수의 작품이다.

●24_09. 영어와 한자의 만남.
'HORSE'와 마(馬).

●24_10. 한자(漢字)
'미래의 인류 언어이자, 인류 문명의 최고 걸작의 하나이다. 한자는 마치 외계문자처럼 보이지만 아름답고 오래되었으며 신비하기까지 하다.'
(http://www.bjywxh.org.cn/index.php?m=content&c=index&a=show&catid=17&id=82)

●24_11. 한자를 이용한 실내 장식.
김원정 작(2017). 개인과 개인, 인간과 자연이 합(合)이 되어
공존함을 표현한 실내 디자인 설치 작품.

●24_12. 한글 캘리그래피(calligraphy).
장석 조전욱 작품. 한글박물관 개관기념 전시작품.

사진으로 떠나는 한자 역사 기행

참고문헌

裘錫圭,『文字學槪要』, 北京: 商務印書館, 1988; 李鴻鎭(역),『중국문자학』, 서울: 신아사, 2001.

국립중앙박물관,『문자, 그 이후: 한국고대문자전』, 서울: 통천문화사, 2011.

국립청주박물관,『한국 고대의 문자와 기호유물』, 서울: 통천문화사, 2000.

李運富(저), 하영삼·김화영(역),『삼차원 한자학』, 부산: 도서출판3, 2018.

保利藝術博物館(編著),『輝煌燦爛靑銅器』, 北京: 保利藝術博物館, 2002.

陝西省考古硏究院(等),『周野鹿鳴: 寶鷄石鼓山西周貴族墓出土靑銅器』, 上海: 上海書畫出版社, 2014.

王鳳陽,『漢字學』, 長春: 吉林文史出版社, 1992.

王宇信(등), 하영삼(역),『갑골학 일백년』, 서울: 소명출판사, 2011.

姚孝遂(저), 하영삼(역),『허신과 설문해자』, 부산: 도서출판3, 2014.

李學勤(저)・하영삼(역),『고문자학 첫걸음』, 서울: 동문선, 1991.

張光直(저), 하영삼(역),『중국청동기시대』, 서울: 학고방, 2013.

何琳義,『戰國文字通論』, 北京: 中華書局, 1989.

하영삼,『100개 한자로 읽는 중국문화』, 부산: 도서출판3, 2017.

하영삼,『한자어원사전』, 부산: 도서출판3, 2014(초판), 2018(개정판).

하영삼,『한자의 세계』, 서울: 신아사, 2013.

許愼(저), 段玉裁(주),『說文解字注』, 臺北: 漢京出版社, 1983.

黃德寬・陳秉新(저), 하영삼(역),『한어문자학사』, 서울: 동문선, 2002.

Kwang-Chih Chang, *The Archaeology of Ancient China*(4th ed.), Yale Univ. Press, New Haven & London, 1986.

百度, http://www.baidu.com

구글, https://www.google.co.kr

네이버, https://www.naver.com

漢典, http://www.zdic.net

인용 그림 목록

찾아보기

ㅎ

하영삼(河永三)

　　경남 의령 출생으로, 경성대학교 중국학과 교수, 한국한자연구소 소장, (사)세계한자학회(WACCS) 상임이사로 있다. 부산대학교 중문과를 졸업하고, 대만 정치대학에서 석·박사 학위를 취득했으며, 한자에 반영된 문화 특징을 연구하고 있다.

　　저서에 『한자와 에크리튀르』, 『한자야 미안해』(부수편, 어휘편), 『연상 한자』, 『한자의 세계: 기원에서 미래까지』, 『第五游整理與硏究』 등이 있고, 역서에 『중국 청동기시대』, 『허신과 설문해자』, 『갑골학 일백년』, 『한어문자학사』, 『삼차원 한자학』(공역), 『한자 왕국』(공역), 『언어와 문화』, 『언어지리유형학』, 『고문자학 첫걸음』, 『상주 금문』(공역), 『洙泗考信錄』(공역), 『釋名』(선역), 『觀堂集林』(선역) 등이 있으며, "域外漢字傳播書系–韓國卷"(6冊, 上海人民出版社), "(표전교감전자배판) 韓國歷代字典叢書"(16책, 도서출판3), "中韓傳統字書彙纂"(21冊, 北京九州出版社) 등을 공동 주편했다.